Sem lama não há lótus

Dados Internacionais de Catalogação na Publicação (CIP)
(Câmara Brasileira do Livro, SP, Brasil)

Nhat Hanh, Thich, 1926-
Sem lama não há lótus : a arte de transformar o sofrimento / Thich Nhat Hanh ; tradução de Maria Goretti Rocha de Oliveira. – Petrópolis, RJ : Vozes, 2016.

8ª reimpressão, 2024.

Título original : No mud, no lotus : the art of transforming suffering
ISBN 978-85-326-5250-8

1. Espiritualidade 2. Budismo 3. Meditações budistas 4. Sofrimento – Aspectos religiosos – Budismo 5. Superação I. Título.

16-02605   CDD-294.34

Índices para catálogo sistemático:
  1. Budismo : Ensinamentos   294.34
  2. Budismo : Reflexões   294.34

Thich Nhat Hanh

Sem lama não há lótus

A arte de transformar o sofrimento

Tradução de Maria Goretti Rocha de Oliveira

Petrópolis

© 2014 by Unified Buddhist Church

Tradução realizada a partir do original em inglês intitulado
No Mud, No Lotus – The Art of Transforming Suffering

Direitos de publicação em língua portuguesa – Brasil:
2016, Editora Vozes Ltda.
Rua Frei Luís, 100
25689-900 Petrópolis, RJ
www.vozes.com.br
Brasil

Todos os direitos reservados. Nenhuma parte desta obra
poderá ser reproduzida ou transmitida por qualquer forma e/ou
quaisquer meios (eletrônico ou mecânico, incluindo fotocópia e
gravação) ou arquivada em qualquer sistema ou banco de dados sem
permissão escrita da editora.

CONSELHO EDITORIAL

Diretor
Volney J. Berkenbrock

Editores
Aline dos Santos Carneiro
Edrian Josué Pasini
Marilac Loraine Oleniki
Welder Lancieri Marchini

Conselheiros
Elói Dionísio Piva
Francisco Morás
Gilberto Gonçalves Garcia
Ludovico Garmus
Teobaldo Heidemann

Secretário executivo
Leonardo A.R.T. dos Santos

PRODUÇÃO EDITORIAL

Aline L.R. de Barros
Marcelo Telles
Mirela de Oliveira
Otaviano M. Cunha
Rafael de Oliveira
Samuel Rezende
Vanessa Luz
Verônica M. Guedes

Conselho de projetos editoriais
Luísa Ramos M. Lorenzi
Natália França
Priscilla A.F. Alves

Editoração: Gleisse Dias dos Reis Chies
Diagramação: Sheilandre Desenv. Gráfico
Capa: Redz – Estúdio de Design
Ilustração de capa: © zhu difeng | Shutterstock

ISBN 978-85-326-5250-8 (Brasil)
ISBN 978-1-937006-85-3 (Estados Unidos)

Este livro foi composto e impresso pela Editora Vozes Ltda.

A maioria das pessoas tem medo de sofrer.
Mas o sofrimento é um tipo de lama que facilita
o florescimento das flores de lótus da felicidade.
A flor de lótus não poderia existir sem a lama.

Thich Nhat Hanh

Sumário

1 A arte de transformar o sofrimento, 9

2 Admitindo e acolhendo o sofrimento, 21

3 Contemplando profundamente, 31

4 Aliviando o sofrimento, 45

5 Cinco práticas para nutrir a felicidade, 55

6 A felicidade não é uma questão individual, 73

Práticas para ser feliz

1 Os dezesseis exercícios de respiração, 85

2 Os seis mantras, 94

3 Presente com as emoções arrebatadoras, 103

4 Convidando o sino, convidando a felicidade, 105

5 *Metta*, 106

6 Relaxamento profundo, 118

7 Os cinco treinamentos para uma consciência plena, 120

8 Andar em meditação, 124

1
A arte de transformar o sofrimento

Todos nós queremos ser felizes, e há muitos livros e professores no mundo que tentam ajudar as pessoas a serem mais felizes. No entanto, todos nós continuamos a sofrer.

Por isso, podemos pensar que estamos "fazendo algo errado". Por qualquer motivo, estamos sendo "deficientes em felicidade". Mas isso não é verdade. Ser capaz de desfrutar a felicidade não requer que tenhamos zero sofrimento. De fato, a arte da felicidade também é a arte do sofrimento. Quando aprendemos a admitir, acolher e compreender o nosso sofrimento, sofremos muito menos. Além disso, nós também somos capazes de ir além e transformar o nosso sofrimento em compreensão, compaixão e alegria em benefício nosso e dos outros.

Uma das coisas mais difíceis de nós aceitarmos é que não existe um reino onde só há felicidade e o sofrimento seja inexistente. Isso não significa que devemos nos desesperar. O sofrimento pode ser transformado. Logo que abrimos a boca e dizemos "sofrimento", sabemos que o oposto do sofrimento também já está ali. Onde há sofrimento, há felicidade.

De acordo com a história da criação no livro bíblico do Gênesis, Deus disse: "Haja luz". Eu gosto de imaginar que a luz respondeu, dizendo: "Deus, eu tenho que esperar que a minha irmã gêmea, a escuridão, esteja comigo. Eu não posso existir sem que haja escuridão". E Deus respondeu: "Por que você precisa esperar? A escuridão existe". E a luz respondeu: "Neste caso, então, eu também já existo".

Se focarmos exclusivamente na busca da felicidade, podemos considerar o sofrimento como algo a ser ignorado ou resistido.

Pensamos nele como algo que obstrui o caminho da felicidade. Mas a arte da felicidade também é, ao mesmo tempo, a arte de saber sofrer de forma adequada. Se soubermos usar o nosso sofrimento, podemos transformá-lo e sofrer muito menos. Saber sofrer adequadamente é fundamental à realização da verdadeira felicidade.

O sofrimento e a felicidade não estão separados

Quando sofremos, temos a tendência de pensar que o sofrimento é tudo o que existe naquele momento, e que a felicidade pertence a um outro tempo ou lugar. As pessoas muitas vezes questionam: "Por que tenho que sofrer?" Pensar que devemos ser capazes de ter uma vida sem qualquer tipo de sofrimento é tão delusório quanto pensar que devemos ser capazes de ter um lado direito sem um lado esquerdo. O mesmo acontece quando pensamos que temos uma vida onde nenhum tipo de felicidade pode ser encontrado. Se o lado esquerdo disser: "Direito, você tem que ir embora. Não quero você. Já me basto" – não faz sentido, pois o esquerdo também teria que deixar de existir. Se não houver lado direito, então não haverá lado esquerdo. Onde não há sofrimento, também não pode haver felicidade, e vice-versa.

Se nós conseguirmos aprender a perceber e a habilmente nos envolver tanto com a presença da felicidade quanto com a presença do sofrimento, estaremos indo na direção de gozar mais a vida. Cada dia avançaremos um pouco mais nesta direção e eventualmente compreenderemos que o sofrimento e a felicidade não são duas coisas separadas.

O ar frio pode ser doloroso se você não estiver vestindo roupas que aquecem o suficiente. Mas quando você está se sentindo superaquecido, ou quando você está andando ao ar livre com agasalhos adequados, a sensação estimulante do ar frio pode ser uma fonte de alegria e vivacidade. O sofrimento não é um tipo de fonte externa, objetiva, de opressão e de dor. Pode haver coisas que lhe causam sofrimento, como uma música alta e luzes brilhantes, que podem proporcionar alegria a outras pessoas. Há coisas que lhe proporcionam alegria que aborrecem outras pessoas. O dia chuvoso que arruína os seus planos de fazer um piquenique é uma bênção para o agricultor cuja terra está ressecada.

A felicidade é possível hoje, agora mesmo, mas a felicidade não pode existir sem sofrimento. Algumas pessoas acreditam que para serem felizes devem evitar todo sofrimento, e por isso elas estão constantemente vigilantes, constantemente preocupadas. Elas acabam sacrificando toda a sua espontaneidade, liberdade e alegria. Mas isso não está certo. Se você for capaz de reconhecer e aceitar sua dor, sem fugir dela, descobrirá que embora a dor esteja ali, a alegria também pode estar ali ao mesmo tempo.

Alguns dizem que o sofrimento é somente uma ilusão ou que para viver com sabedoria nós temos que "transcender" ambos: sofrimento e alegria. Eu digo o oposto. A maneira de sofrer adequadamente e de ser feliz é permanecendo em contato com o que está realmente acontecendo; fazendo isso, você terá lampejos libertadores acerca da verdadeira natureza do sofrimento *e* da alegria.

Sem lama não há lótus

O sofrimento e a felicidade são orgânicos por natureza, e isso significa que ambos são transitórios, estão sempre mudando. A flor quando murcha se transforma em adubo. O adubo pode ajudar mais uma vez na germinação da flor. A felicidade também é orgânica e impermanente por natureza. Ela pode se transformar em sofrimento, e o sofrimento pode se transformar em felicidade novamente.

Ao contemplar profundamente uma flor, você compreende que uma flor é feita somente de elementos que não são flor. Há uma nuvem naquela flor. É claro que sabemos que uma nuvem não é uma flor, mas sem nuvem a flor não poderia existir. Se não houver nuvem, não haverá chuva e nenhuma flor conseguirá brotar. Você não precisa ser um sonhador para ver uma nuvem flutuando numa flor. A nuvem está realmente lá. A luz solar também está lá. A luz solar não é flor, mas sem luz solar nenhuma flor é possível.

Se continuarmos contemplando profundamente a flor, veremos muitas outras coisas, como por exemplo: a terra e os minerais. Sem eles a flor não poderia existir. Portanto, é um fato que a flor é feita somente de elementos que não são flor. A flor não pode existir exclusivamente por si só. A flor só pode interser com tudo o mais. Você não pode remover da flor a luz do sol, o solo ou as nuvens.

Em cada um dos nossos centros de prática de Plum Village ao redor do mundo, nós temos uma lagoa de lótus. Todo mundo sabe que precisamos ter lama para os lótus germinarem. A lama não cheira muito bem, mas as flores de lótus são muito perfumadas. Se você não tiver a lama, o lótus não se manifestará. Você não consegue germinar flores de lótus sobre mármore. Sem lama, não pode haver lótus.

É claro que é possível ficar preso na "lama" da vida. É relativamente fácil notar, às vezes, que você está enlameado da cabeça aos pés. A coisa mais difícil de praticar é não se permitir ser dominado pelo desespero. Quando você está dominado pelo desespero, tudo o que consegue perceber é sofrimento pra onde quer que você olhe; sente como se a pior coisa estivesse lhe acontecendo. Mas nós devemos nos lembrar que o sofrimento é um tipo de lama que precisamos para gerar alegria e felicidade. Sem sofrimento não há felicidade. Não devemos, portanto, discriminar a lama. Temos que aprender a abraçar e ninar o nosso próprio sofrimento e o sofrimento do mundo, com muita ternura.

Quando eu morava no Vietnã durante a guerra, era difícil ver nosso caminho através daquela lama escura e pesada. Era como se a destruição fosse simplesmente durar para sempre. Todo dia as pessoas me perguntavam se eu achava que a guerra iria terminar em breve. Era muito difícil responder, pois não havia um término à vista. Mas eu sabia que se eu dissesse: "Não sei", isso só iria regar as sementes de desespero nelas. Então, quando as pessoas me faziam aquela pergunta, eu respondia: "Tudo é impermanente, até mesmo a guerra. A guerra terminará um dia". Sabendo disso, nós podíamos continuar trabalhando pela paz. E de fato a guerra terminou. Agora os antigos inimigos mortais estão comprando e vendendo ativamente e fazem turismo de um lado a outro, e as pessoas do mundo todo gostam de praticar os ensinamentos da nossa tradição sobre a consciência plena e a paz.

Se você souber fazer um bom uso da lama, você poderá cultivar lindas flores de lótus. Se souber fazer um bom uso do sofrimento, você pode produzir felicidade. Nós precisamos sim de algum sofrimento para que a felicidade seja possível. E a maioria de nós tem sofrimento o suficiente, dentro e à nossa volta, para ser capaz de fazer isso. Não temos que criar mais sofrimento.

Será que Buda sofreu?

Quando eu era um jovem noviço, achava que Buda não tinha sofrido uma vez que ele tinha se tornado iluminado. Eu me questionava ingenuamente: "Pra que serve se tornar um Buda, se você continua a sofrer?" Buda sofria sim, porque ele tinha um corpo, sentimentos e percepções, como todos nós temos. É provável que às vezes ele tivesse uma dor de cabeça; às vezes, sofria de reumatismo. Se acontecesse de ele comer alguma coisa não muito bem preparada, em seguida, tinha problemas intestinais. Então ele sofreu fisicamente, e sofreu emocionalmente também. Quando um de seus queridos alunos morreu, Buda sofreu. Como você pode não sofrer quando um amigo querido morre? Buda não era uma pedra. Era um ser humano. Mas como ele tinha muita compreensão, sabedoria e compaixão, ele sabia como sofrer, e por isso sofria muito menos.

As Quatro Nobres Verdades

O primeiro ensinamento que Buda proferiu após a sua iluminação foi sobre o sofrimento. Esse ensinamento é designado de "As Quatro Nobres Verdades", que são: o sofrimento existe; há um curso de ação que gera sofrimento; o sofrimento cessa (isto é, a felicidade existe); e há um curso de ação que conduz à cessação do sofrimento (o surgimento da felicidade).

Quando você ouve pela primeira vez que o sofrimento é uma Nobre Verdade, pode ser que questione: O que há de tão nobre no sofrimento? Buda estava dizendo que se pudermos reconhecer o sofrimento e abraçá-lo, examinando profundamente suas raízes, desse modo, vamos ser capazes de abandonar os hábitos que o alimentam e, ao mesmo tempo, encontrar um caminho de felicidade. O sofrimento tem seus aspectos benéficos; pode ser um excelente professor.

Do que é feito o sofrimento?

Existe o sofrimento do corpo, incluindo sensações de dor, doença, fome e ferimentos físicos. Parte desse sofrimento é realmente inevitável. Também existe o sofrimento mental, como a ansiedade, o ciúme, o desespero, o medo e a raiva. Temos as sementes, ou seja, o potencial em nós para compreender, amar, ter compaixão e discernimento, bem como as sementes de raiva, ódio e ganância. Embora não possamos evitar todo o sofrimento da vida, podemos sofrer muito menos se não regarmos dentro de nós as sementes de sofrimento.

Você está em guerra com o seu corpo? Você o negligencia ou o pune? Você conseguiu conhecê-lo realmente? Você pode se sentir à vontade nele? O sofrimento pode ser tanto físico como mental ou ambos, mas todo o tipo de sofrimento se manifesta em algum lugar do corpo e cria tensão e estresse. As pessoas nos dizem que devemos soltar a tensão do nosso corpo. Muitos de nós têm se empenhado nisso com muita severidade! Queremos soltar a tensão do nosso corpo, mas não conseguimos fazê-lo. Nossas tentativas de reduzir a tensão em nós não vão ter êxito, a menos que primeiro admitamos que a tensão esteja lá.

Quando você corta o dedo, você apenas lava-o e o seu corpo sabe como curá-lo. Quando um animal não humano, habitante da floresta, é ferido, ele sabe o que fazer. Ele para de sair em busca do que comer ou de procurar uma companheira. Ele sabe, através de gerações de conhecimento ancestral, que não é bom fazer isso. Então, ele encontra um lugar tranquilo e simplesmente se deita, sem fazer mais nada. Animais não humanos sabem instintivamente que parar é a melhor maneira de ser curado. Eles não precisam de um médico, de uma farmácia, ou de um farmacêutico.

Nós, seres humanos, costumávamos ter este tipo de sabedoria. Mas perdemos o contato com ela. Não sabemos mais como descansar. Não deixamos o corpo descansar para soltar a tensão, e curar-se. Confiamos quase que inteiramente em medicação para lidar com a doença e a dor. No entanto, as formas mais eficazes de aliviar e transformar nosso sofrimento já estão disponíveis para nós sem qualquer prescrição e sem nenhum custo financeiro. Eu não estou sugerindo que você deva jogar fora todos os seus medicamentos. Alguns de nós precisam sim de usar certos medicamentos. Mas, às vezes podemos usá-los em quantidades menores e com um efeito muito maior, se soubermos deixar o nosso corpo e mente realmente descansarem.

O remédio que cura

A principal aflição da nossa civilização moderna é que não sabemos lidar com o sofrimento dentro de nós, e tentamos encobri-lo com todos os tipos de consumo. Os varejistas vendem uma infinidade de dispositivos clássicos e novos para nos ajudar a encobrir o sofrimento interno. Mas, a menos e até que sejamos capazes de enfrentar nosso sofrimento, não podemos estar presentes e disponíveis para a vida, e a felicidade continuará a nos escapar.

Há muitas pessoas que têm um sofrimento enorme, e não sabem lidar com ele. Para muita gente, isso já começa desde a mais tenra idade. Então por que as escolas não ensinam aos nossos jovens o método de lidar com o sofrimento? Se um aluno é muito infeliz, ele não consegue se concentrar e não consegue aprender. O sofrimento de cada um de nós afeta os outros. Quanto mais aprendermos a arte de sofrer bem, tanto menos sofrimento haverá no mundo.

Consciência plena é a melhor maneira de estar com o nosso sofrimento sem ser oprimido por ele. Consciência plena é a capacidade de permanecer no momento presente, para saber o que está acontecendo no aqui e agora. Por exemplo, no momento em que levantamos os braços, estamos conscientes do fato de estarmos levantando os braços. Nossa mente está presente no ato de levantar os braços, e nós não pensamos sobre o passado ou futuro, porque a ato de levantar os braços é o que está acontecendo no momento presente.

Estar consciente significa estar cônscio. Consciência plena é a energia de saber o que está acontecendo no momento presente. Levantar os braços e saber que estamos levantando os braços, isto é consciência plena, atenção plena da nossa ação. Quando inspiramos e sabemos que estamos inspirando, isso é consciência plena. Quando damos um passo e sabemos que os passos estão acontecendo, estamos conscientes dos passos. Consciência plena é sempre consciência plena de *alguma coisa*. É a energia que nos ajuda a estar conscientes do que está acontecendo no exato momento e lugar; em nosso corpo, em nossos sentimentos, em nossas percepções, e à nossa volta.

Com consciência plena, você pode reconhecer a presença do sofrimento em você e no mundo. E é com essa mesma energia que você acolhe o sofrimento com ternura. Ao estar ciente de sua inspiração e expiração, você gera a energia da consciência plena, para poder continuar acalentando o sofrimento. Os praticantes da consciência plena podem auxiliar e apoiar uns aos outros a reconhecer, acolher e transformar o sofrimento. Com plena consciência não temos mais medo da dor. Podemos até ir além e fazer bom uso do sofrimento para gerar a energia da compreensão e compaixão que nos cura, e, assim, podemos ajudar os outros a curar-se e ser feliz também.

Gerando consciência plena

A maneira de começarmos a produzir o remédio da consciência plena é parando e respirando conscientemente, totalmente atentos à nossa inspiração e à nossa expiração. Quando paramos e respiramos desta forma, unimos o corpo com a mente e voltamos para o nosso lar interno. Sentimos mais plenamente nossos corpos. Estamos verdadeiramente vivos somente quando a mente está junto ao corpo. A excelente notícia é que a unidade corpo-mente pode ser realizada com apenas uma inspiração. Talvez não tenhamos sido suficientemente amáveis com nosso corpo por algum tempo. Ao reconhecer a tensão, a dor, o estresse em nosso corpo, podemos banhá-lo em nossa consciência atenta, e este é o início da cura.

Se cuidarmos do sofrimento dentro de nós, teremos mais clareza, energia e força para ajudar a resolver o sofrimento da violência, da pobreza, e da desigualdade de nossos entes queridos, bem como o sofrimento em nossa comunidade e no mundo. Se, no entanto, estivermos preocupados com o medo e desespero em nós, não poderemos ajudar a extirpar o sofrimento dos outros. Existe uma arte para se sofrer de maneira adequada. Se soubermos cuidar do nosso sofrimento, não só sofremos muito, muito menos, como também criamos mais felicidade à nossa volta e no mundo.

2
Admitindo e acolhendo o sofrimento

O primeiro passo na arte de transformar o sofrimento é retornarmos ao nosso lar interno e admitir que há sofrimento. Para a maioria de nós, há sempre um discurso mental acontecendo dia e noite em nossas cabeças. Nós revivemos o passado, nós nos preocupamos com o futuro. Não paramos sequer para tomar um fôlego, nem mesmo para perceber se estamos sofrendo – até que, de repente, aparentemente vindo do nada, o sofrimento nos domina. Nosso pensamento, percepção e preocupação roubam todo o nosso espaço interno e nos impedem de estar em contato com o que está acontecendo em cada momento.

Buda disse que nada pode sobreviver sem alimento. Isso é verdade, tanto em relação à existência física dos seres vivos como também aos estados mentais. O amor precisa ser cultivado e alimentado para sobreviver; e nosso sofrimento também sobrevive porque nós o permitimos e o alimentamos. Nós ruminamos o sofrimento, o arrependimento e a tristeza. Nós os mastigamos, os engolimos, trazemo-los de volta e os comemos muitas e muitas vezes. Se estivermos alimentando o nosso sofrimento enquanto caminhamos, trabalhamos, comemos ou conversamos, estaremos nos tornando vítimas dos fantasmas do passado, do futuro ou das nossas preocupações no presente. Não estaremos vivendo a vida.

Se tentarmos usar o consumo para ignorar ou nos distrair do nosso sofrimento, faremos com que o sofrimento piore. Ligaremos a televisão; falaremos ou passaremos torpedos; fofocaremos ao telefone; entraremos na internet. Nós nos pegaremos diante da geladeira várias e várias vezes.

Quando nos desligamos da nossa dor mental, estamos também abandonando os nossos corpos onde o sofrimento está sendo armazenado. Quando sentimos solidão e desespero, buscamos encobri-los e fazer de conta que eles não estão ali. Não nos sentimos muito bem internamente; então para esquecer, vamos procurar algo para comer, mesmo que estejamos totalmente sem fome. Comemos na tentativa de nos sentir melhor, porém ficamos viciados em comida, porque estamos tentando encobrir o sofrimento interno, e o verdadeiro problema é deixado de lado. Ou podemos nos tornar viciados em jogos de computador, ou outros tipos de diversão audiovisual.

As distrações eletrônicas além de não conseguirem nos ajudar a curar o sofrimento subjacente, podem conter histórias ou imagens que alimentam nosso desejo, ciúme, raiva ou desespero. Em vez de nos fazer sentir melhor, elas nos entorpecem somente por algum tempo, e depois nos fazem sentir pior. Consumir a fim de encobrir nosso sofrimento não funciona. Precisamos de uma prática espiritual para ter a força e habilidade para contemplar profundamente o nosso sofrimento, para compreendê-lo com clareza e provocar um avanço.

Parando e reconhecendo o sofrimento

Quando o sofrimento surge, a primeira coisa a fazer é parar, seguir a nossa respiração, e admiti-lo. Não tente negar emoções desconfortáveis ou reprimi-las.

Inspirando, eu sei que há sofrimento.
Expirando, eu digo olá para o meu sofrimento.

Respirar conscientemente exige a presença de nossa mente, do nosso corpo e da nossa intenção. Com nossa respiração consciente, reunificamos o nosso corpo e mente, e chegamos ao momento presente. Apenas inspirar conscientemente já nos traz uma porção surpreendente de liberdade. A cada respiração geramos energia de consciência plena, unindo a mente e o corpo no momento presente para receber esse carinhoso reconhecimento do nosso sofrimento. Em apenas duas ou três respirações em plena atenção, você pode perceber que o arrependimento e a tristeza concernente ao passado deram uma pausa, bem como a incerteza, o medo e as preocupações acerca do futuro.

Corpo e mente juntos

Cada um de nós tem um corpo, mas nem sempre estamos em contato com ele. Talvez o nosso corpo precise de nós, ou esteja nos chamando, mas não o ouvimos. Estamos tão aprisionados em nosso trabalho, em nosso computador ou em nosso telefone, em nossa conversa, que podemos esquecer até mesmo que temos um corpo.

Se pudermos entrar em contato com o nosso corpo, então poderemos também entrar em contato com nossos sentimentos. Há muitos sentimentos nos chamando. Cada sentimento é como um filho nosso. O sofrimento é uma criança ferida berrando por nós. Mas nós ignoramos a voz da criança interna.

O processo de cura começa quando nós inspiramos conscientemente. Na vida diária, muitas vezes o nosso corpo está aqui, mas nossa mente está desligada no passado, no futuro ou em nossos projetos. A mente não está com o corpo. Quando inspiramos e focamos a atenção em nossa inspiração, nós reunimos corpo e mente; nos tornamos conscientes do que está acontecendo no momento presente, em nosso corpo, em nossas percepções, e em torno de nós.

Quando trazemos nossa mente de volta ao lar do nosso corpo, algo maravilhoso acontece: nosso discurso mental interrompe sua tagarelice. Pensar pode ser produtivo, mas a verdade é que a maioria do nosso pensamento é improdutivo. Quando pensamos, é provável que fiquemos perdidos em pensamentos; mas quando usamos a respiração para trazer a mente de volta ao lar do corpo, podemos parar de pensar.

Quando você retorna para dentro de si e respira conscientemente, a atenção da sua mente tem apenas um objetivo: sua respiração. Se você continuar a inspirar e expirar conscientemente, você manterá esse estado de presença e de liberdade. Sua mente estará mais clara e você vai tomar melhores decisões. É muito melhor tomar uma decisão quando a mente está mais clara e livre do que sob a influência do medo, da raiva e preocupações.

Quando eu era um jovem noviço, eu acreditava que era preciso muito tempo para se chegar a qualquer tipo de lampejo. A verdade é que existem lampejos que podem vir à tona imediatamente. Quando você pratica respirando com atenção plena, você sabe logo que está *vivo*, e que estar vivo é uma maravilha. Se puder estar cônscio de que você tem um corpo vivo e perceber quando há tensão em seu corpo, isso já é um importante discernimento. Com esta compreensão, você já começou a diagnosticar a situação. Você não precisa praticar durante 8 ou 20 anos para despertar.

Respirar conscientemente não é algo difícil de se fazer. Você não tem que sofrer quando estiver respirando. Você já está fazendo isso durante todo o dia. Você não precisa lutar para controlar sua respiração. Na verdade, inspirar pode se tornar um verdadeiro prazer. Você apenas se permite respirar naturalmente enquanto foca sua atenção na sua inspiração. É como a luz do sol matinal banhando uma flor que tinha se fechado durante a noite. A luz solar não interfere na flor. Ela apenas abraça e sutilmente permeia a flor. Envolta na energia da luz solar, a flor começa a desabrochar.

A atração das distrações

Quando paramos a agitação mental e retornamos para nós mesmos, a enormidade e crueza do nosso sofrimento pode parecer muito intensa, pois estamos muito acostumados a ignorá-lo e a nos distrair. Quando sentimos o sofrimento, temos o ímpeto de fugir dele, e nos encher com comida de má qualidade, entretenimento de má qualidade, qualquer coisa que mantenha nossa mente desligada da dor que está dentro de nós. Isso não funciona. Nós podemos ter sucesso em atenuar nossa dor por pouco tempo, mas o sofrimento interior quer nossa atenção e vai supurar e espumar até consegui-la.

Fugimos de nós mesmos porque não queremos estar conosco. Nossa dor é um tipo de energia desagradável. Tememos que, se largarmos nossas diversões e nos voltarmos para nós mesmos, vamos ser esmagados pelo sofrimento, desespero, raiva e solidão interna. Por isso continuamos a fugir. Mas se não tivermos o tempo e a vontade de cuidar de nós mesmos, como poderemos oferecer algum cuidado genuíno às pessoas que amamos?

Por isso, a primeira prática é parar de correr, ir para a casa do nosso corpo e admitir o nosso sofrimento. Quando notamos que a raiva ou a ansiedade estão vindo à tona, podemos reconhecer essas sensações de sofrimento. O sofrimento é uma energia. A consciência plena é outra energia que podemos invocar para vir abraçar o sofrimento. A prática da respiração consciente é essencial, pois nos fornece a energia que precisamos para as outras etapas de cuidar do sofrimento.

Com a respiração consciente, você pode reconhecer a presença de um sentimento doloroso, da forma como um irmão mais velho cumprimenta um irmão mais novo. Você pode dizer: "Olá, meu sofrimento. Eu sei que você está aí". Desta forma, a energia da consciência plena nos impede de sermos dominados por sentimentos dolorosos. Podemos até mesmo sorrir para o nosso sofrimento e dizer: "Bom dia, minha dor, minha tristeza, meu medo. Estou vendo vocês. Estou aqui. Não se preocupem".

Acolhendo o sofrimento

Se deixarmos o sofrimento se manifestar e simplesmente se apossar da nossa mente, podemos ser rapidamente dominados por ele. Então nós temos que convidar outra energia, a energia da consciência, para vir à tona, ao mesmo tempo. A função da consciência plena é, primeiro, reconhecer o sofrimento e depois cuidar dele. O trabalho da consciência é primeiro reconhecer o sofrimento e depois acolhê-lo. A mãe cuidando de um bebê que chora vai naturalmente pegar a criança nos braços sem suprimir, julgar ou ignorar o choro. A consciência plena é como esta mãe, reconhecendo e acolhendo o sofrimento sem julgamento.

A prática, portanto, é não lutar ou reprimir o sentimento, mas sim acalentá-lo com muita ternura. Quando uma mãe abraça o seu filho, aquela energia de ternura começa a penetrar no corpo da criança. Mesmo que a princípio a mãe não compreenda por que a criança esteja sofrendo e precise de algum tempo para descobrir qual é a dificuldade dela, somente sua atitude de colocar a criança nos braços com ternura já pode proporcionar alívio. Se pudermos reconhecer e acalentar o sofrimento, enquanto respiramos conscientemente, já dá um alívio.

Acolher nosso sofrimento parece ser o oposto do que queremos fazer, especialmente se o nosso sofrimento for muito grande, como é o caso da depressão. A depressão é uma das formas mais comuns de sofrimento em nosso tempo. Ela pode roubar a nossa paz, a nossa alegria, a nossa estabilidade, e até mesmo a nossa capacidade de comer, de nos movimentar, ou de fazer tarefas simples. A depressão pode parecer intransponível e podemos pensar que a única coisa que podemos fazer é ou fugir dela ou sucumbir a ela.

Mas admitir e acolher acriticamente este grande sofrimento não é, de forma alguma, a mesma coisa que sucumbir a ele. Uma vez que você tenha oferecido o seu reconhecimento e cuidado ao sofrimento, ele vai naturalmente se tornar menos impenetrável e mais trabalhável; então, você tem a oportunidade de examiná-lo profundamente, com amabilidade (mas sempre com a base sólida da respiração consciente lhe apoiando), e descobrir por que ele se formou em você. Ele está tentando chamar sua atenção para dizer alguma coisa, e agora você pode aproveitar a oportunidade para ouvi-lo. Você pode pedir a alguém – seja um professor, um amigo, um psicoterapeuta – para examiná-lo com você. Seja sozinho ou junto com seus amigos, você pode explorar os tipos de raízes que o seu sofrimento tem, e que nutrientes e hábitos de consumo estiveram alimentando sua aflição. Você pode descobrir, através da contemplação profunda, como transformar este "lixo" orgânico em adubo, que por sua vez, pode se transformar em muitas flores belas de compreensão, compaixão e alegria.

O sino

Mesmo com a melhor das intenções, e mesmo tendo praticado a consciência plena por muito tempo, todos nós temos a tendência de correr em direção ao futuro ou de voltar ao passado, para buscar felicidade em outro lugar. Um sino de consciência plena, seja ele real ou algum outro som, é um excelente lembrete para retornarmos a nós mesmos, para retornarmos à *vida* aqui no momento presente. O som do sino é a voz do Buda interno. Cada um de nós tem uma natureza búdica – a capacidade de natureza compassiva, clara, compreensiva – dentro de nós. Então, quando ouvimos o sino soar, se gostamos de praticar a consciência plena, podemos responder àquela intervenção com respeito e apreço. Na minha tradição, toda vez que ouvimos o sino, nós damos uma pausa. Paramos de nos mover, de falar e de pensar, e ouvimos a voz do coração.

Nós não dizemos que "batemos o sino" ou que "batemos as horas". Mas sim que "convidamos o sino" a soar, pois o sino é um amigo, um amigo esclarecido que nos ajuda a acordar e que nos leva ao nosso lar interno. Gentileza e não violência são características do som do sino. O som dele é suave, mas muito poderoso.

Quando ouvir o som do sino, aproveite a oportunidade para voltar pra casa dentro de si e desfrutar sua respiração. Passe alguns instantes inspirando e expirando profundamente, e entre em contato com um pouco de felicidade. Se quiser experimentar qual a sensação do fim do sofrimento, é no aqui e agora com *essa* respiração. Se você quer nirvana, nirvana está aqui mesmo.

Inspirando, eu sei que eu estou inspirando.
Expirando, eu sorrio.

3
Contemplando profundamente

Tendo acolhido o seu filho por alguns minutos, uma mãe ou um pai carinhoso e atencioso geralmente descobre a causa do sofrimento do bebê. Talvez o bebê estivesse com fome ou com um pouco de febre. O mesmo acontece com o nosso sofrimento. Depois de termos acolhido e ninado o nosso sofrimento por algum tempo, podemos contemplá-lo profundamente e começar a entender sua causa e o que veio alimentando-o. Compreendendo a natureza da situação, fica muito mais fácil de transformá-la.

Compreendendo a dor

Quando estamos em crise ou com dor, precisamos primeiramente cuidar da necessidade imediata, que é a crise. Uma vez que a nossa energia consciente tenha aliviado nosso sofrimento, poderemos começar a examinar mais minuciosamente a natureza e origens desse sofrimento. Do mesmo modo quando temos uma dor de cabeça e admitimos que ela existe e, então, compreendemos suas causas, ajudando-nos a encontrar a medicação adequada para ela. A compreensão alivia nossa dor e nos ajuda a transformá-la em compaixão.

A importante prática de cultivar a compreensão com plena consciência significa acima de tudo compreender o sofrimento: o sofrimento dentro de nós e o sofrimento dos outros. Um ser humano sem compreensão é um ser humano, sem compaixão, completamente só, desligado e isolado. Para nos conectar com os outros, entretanto, temos que primeiro estar dispostos a nos examinar profundamente.

A dor de nossos ancestrais

Uma parte do nosso mal-estar vem de mágoas e dores concernentes à nossa própria vida; mas outra parte nos foi transmitida por nossos ancestrais. Pense numa muda de milho que brotou de uma semente. Cada espiga de milho, cada folha, contém aquela semente inicial. Aquela semente está presente em cada célula da planta. Assim como a muda de milho é a continuação da sua semente, você é a continuação de seus pais.

Quando você vê uma imagem de si mesmo quando era uma criancinha de cinco anos de idade, você pode se questionar: "Será que esta criança e eu somos a mesma pessoa?" A resposta não é "Sim" ou "Não". Sua forma, sentimentos, formações mentais, percepções e consciência são bem diferentes de quando você era criança. É claro que você não é exatamente a mesma pessoa. Mas se disser que você é uma pessoa totalmente diferente, isso está igualmente errado. Você e aquela criancinha interexistem uma com a outra.

Antes de a minha mãe me dar à luz, ela teve um aborto espontâneo. A criança que não nasceu naquela ocasião era o meu irmão ou era eu? Nós não somos iguais, mas não somos totalmente diferentes. Os meus pés foram transmitidos a mim por meus ancestrais. Quando ando, eu ando com os meus próprios pés, mas estes pés também são deles. Eu posso ver a mão da minha mãe em minha mão. Eu posso ver os braços do meu pai em meus braços. Eu sou uma continuação dos meus pais.

Há aqueles que perderam os seus pais biológicos, ou nunca os conheceram, e não têm possibilidade nenhuma de se relacionar com eles pessoalmente. Há também pessoas que foram criadas por seus parentes consanguíneos, cujos pais ainda estão vivos, mas, entretanto, são incapazes de se comunicar com eles. Em todas essas situações, mesmo se não tiver um relacionamento interpessoal harmonioso com os seus pais ou ancestrais, o seu corpo e mente contêm os sofrimentos e as esperanças deles, e também os seus próprios.

Então, se há sofrimento dentro de você que você não sabe de onde vem, ao contemplar profundamente pode ser que você compreenda que este é um sofrimento dos seus ancestrais, transmitido de uma geração a outra, porque ninguém sabia como reconhecê-lo, acolhê-lo e curá-lo. Não é culpa sua, nem é culpa deles.

Muita gente tem raiva dos pais por causa do sofrimento que sentiu quando criança. Elas dizem: "Esse homem, eu não quero ter nada a ver com ele". Você pode acreditar que o seu pai está fora de você, mas o seu pai também está dentro de você. Seu pai está presente em cada célula do seu corpo. Você não pode retirar o seu pai de você. É impossível. Quando ele sofria, você sofria; e quando você sofre, ele sofre. Ao ficar zangado com seu pai, você está ficando com raiva de si mesmo. O sofrimento dos pais é o sofrimento do filho. Contemplar profundamente é uma oportunidade de transformar e curar esse sofrimento e de interromper o ciclo.

Então parte da contemplação profunda do nosso sofrimento é saber que ele não é só nosso. Quando somos capazes de acolher o nosso sofrimento, estamos também acolhendo os nossos ancestrais, e a cura retrocede e atravessa as gerações. Quando praticamos a respiração consciente para saber como admitir, acolher e transformar nossa dor, nós fazemos isso por eles e também por nós. Em seguida, podemos curar não só o nosso próprio sofrimento e o de nossos ancestrais, mas também podemos evitar que esse sofrimento seja transmitido para os nossos entes queridos, para os nossos filhos e os filhos deles.

Examinando o nosso medo

Um sofrimento desnecessário que podemos tirar da mente é o sofrimento do medo. Tanta gente anda por aí com a dor e a agitação do medo inútil, seja este o medo de morrer, o medo de passar fome, prejuízo ou perda, o medo do que poderia acontecer se nós cometêssemos um erro, ou o medo de ser magoado ou de magoar alguém que amamos.

Muita gente sofre porque tem medo de morrer. Nós queremos viver para sempre. Temos medo do aniquilamento. Não queremos passar da existência para a inexistência. Isso é compreensível. Se você acredita que um dia deixará completamente de existir, isso pode ser muito assustador. Mas se você se empenhar em tranquilizar as atividades do corpo e da mente e contemplar profundamente, é possível que você compreenda que está morrendo neste exato momento. Você acha que vai morrer em poucos anos, ou daqui a vinte ou trinta anos. Isso não é verdade. Você já está morrendo agora. Você vem morrendo o tempo todo. É realmente muito agradável morrer, que também significa viver.

Há muitas células no seu corpo que estão morrendo enquanto você lê estas palavras. Cerca de cinquenta a setenta mil milhões de células morrem por dia em média num adulto humano. Você está ocupado demais para organizar funerais para todas elas! E ao mesmo tempo, novas células estão nascendo, e você não tem tempo de cantar parabéns para elas. Se as células velhas não morressem, não haveria possibilidade de nascerem novas células. Então, a morte é uma coisa muito boa. É muito crucial para o nascimento. Você está passando por nascimento e morte neste exato momento.

Enquanto a maioria das pessoas tem pavor de morrer, também existem pessoas que estão cansadas de viver. Elas ficam entediadas depois de cinquenta, setenta, ou talvez apenas vinte ou trinta anos. Elas acham a vida insuportável e estão buscando a inexistência. Algumas delas pensam que o suicídio é uma maneira de acabar com o sofrimento, passando do reino do ser para o reino do não ser. Ambos preconceitos causam sofrimento, pois ignoram a realidade de que a vida e a morte sempre andam juntas.

Você não pode excluir uma da outra. Mesmo após a sua, assim chamada, morte, você continuará de alguma forma.

A contemplação profunda pode demolir esses tipos de noções. Não há nascimento e morte; tudo morre e se renova o tempo todo. Quando lhe vem esse tipo de súbita clareza mental, você não vai mais se desgastar com ansiedade e aversão.

Sua verdadeira aspiração

Quando estamos com muito medo, geralmente estamos totalmente focados em impedir o evento que tememos, e nos esquecemos de que a alegria também é possível, mesmo em um mundo imprevisível. Acreditamos que precisamos obter um determinado diploma ou carreira para estar seguros e ser um sucesso. Existem pessoas que são vítimas desse tipo de sucesso. Elas conseguem as coisas que trabalharam arduamente para conseguir, e depois se acham aprisionadas em formas que não tinham antecipado. Mas ninguém jamais é vítima da sua felicidade.

Muitos de nós vivem em comunidades onde todos têm um teto para se abrigar e comida suficiente para comer, e ninguém está com medo de bombas caindo sobre nós; no entanto as pessoas continuam sofrendo. Isto se dá porque esquecemos ou perdemos nossa aspiração mais profunda.

Muitos de nós labutam até o fim da vida sem consciência da sua atenção ou intenção. Estabelecemos uma trajetória para nós e seguimos em frente, sem parar para questionar se esse caminho está satisfazendo os nossos objetivos mais importantes. Em parte, isso acontece porque muitos de nós acreditamos que a felicidade não é possível no aqui e agora. Pensamos que precisamos lutar agora para poder ser feliz no futuro. Por isso, adiamos a felicidade e tentamos correr em direção ao futuro e alcançar as condições de felicidade que agora não temos.

Se você inspira e traz sua mente para a casa do seu corpo, poderá reconhecer imediatamente as inúmeras condições de felicidade que você já tem. Você pode examinar detalhadamente sua verdadeira aspiração e ter uma sacada: "Eu não preciso correr em direção ao futuro para ser feliz". Todos nós temos o hábito de correr. Esse hábito cria tensão, não só no corpo, como também na mente, e é a nossa maior fonte de sofrimento.

Muitos de nós acreditamos que só podemos ser felizes se tivermos muito poder, fama, riqueza e prazeres sensuais. Mas quando olhamos à nossa volta, vemos que há pessoas que têm essas coisas em abundância, mas não estão felizes. Esses objetos de desejo não são condições reais de felicidade. Contemplando profundamente, podemos reconhecer esta energia do hábito de correr, e imaginar como as coisas seriam se não mais deixássemos esta energia nos impelir para correr.

Todo mundo tem volição, uma forte motivação que nos estimula e que, quando é saudável, nos traz alegria. Quando eu tinha doze anos, eu sabia que queria ser monge. Aos dezesseis anos de idade, eu deixei minha mãe e minha família para me ordenar como um noviço. Eu amava muito minha mãe. Por um lado, eu queria estar perto dela. Por outro lado, eu sabia que minha maior felicidade era viver como um monge. Eu tive que sacrificar os bons tempos que passaria com a minha mãe e estava triste com isso; mas não permiti que qualquer medo de perda me impedisse, porque eu sabia que eu estava no caminho de realizar minha verdadeira aspiração.

Se não tivermos nos permitido parar, voltar para nossa casa interior e contemplar profundamente, pode ser que não saibamos o que nos traz nossa felicidade mais profunda. Talvez estejamos trabalhando muito para ter sucesso numa área, mas a nossa aspiração mais profunda seja trabalhar em outra área ou ajudar pessoas de outra forma. Precisamos parar e nos questionar: "Será que posso realizar a minha aspiração mais profunda se eu prosseguir nesse caminho?" "O que realmente está me impedindo de tomar o caminho que desejo mais profundamente?"

Desenvolvendo compreensão e compaixão

Assim como o adubo bem preparado torna-se um jardim em flor, quando cuidamos da nossa tristeza e a examinamos profundamente, ela se transforma em compreensão e compaixão.

O caminho da compreensão é iniciado ouvindo a si mesmo, pois as raízes do nosso sofrimento estão profundamente conectadas com as raízes do sofrimento dos outros. Geralmente pensamos que as outras pessoas, como os nossos pais, ou colegas de trabalho devem ser culpados pela nossa dor. Mas se examinarmos mais profundamente, podemos compreender as verdadeiras origens do nosso sofrimento, e também podemos entender que a pessoa que achamos que está ali para nos agredir é vítima do seu próprio sofrimento. A compreensão da nossa própria dor nos permite ver e compreender o sofrimento dos outros. Examinar sem julgar, possibilita-nos compreender, e assim nasce a compaixão. A transformação é possível.

Quando você está chateado com alguém, pode parecer à primeira vista que a outra pessoa não tenha motivos para sofrer. A vida dele pode aparentar ser alegre e despreocupada, e ele pode ter todas as coisas da vida que você acha que quer. Mas quando você é capaz de examinar com bastante profundidade, você verá o sofrimento dentro dele.

Ao sentar e andar conscientemente, direcione sua atenção para as causas subjacentes ao comportamento da outra pessoa. Compreenda claramente que ele tem muita dor dentro de si e não sabe lidar com isso. Por isso ele sofre tanto e faz com que outras pessoas ao seu redor sofram. O que ele precisa é de ajuda, não de punição. Se você mantiver esta prática, o sofrimento da raiva ou ciúme em você se dissipará e a flor da compaixão nascerá.

Quando não houver mais acusação ou crítica em seus olhos, quando você for capaz de olhar os outros com compaixão, verá as coisas de maneira muito diferente. Você falará de uma maneira diferente. A outra pessoa pode sentir que você está realmente vendo e compreendendo ela, e isso já alivia a sua dor de forma significativa.

Até mesmo uma criança consegue olhar profundamente e compreender que os seus pais têm dificuldades e não sabem como administrar a própria dor deles. O sofrimento deles transborda sobre as pessoas em sua volta e, especialmente até, naquelas que eles amam. Uma compreensão do sofrimento ajuda na transformação da raiva. E quando a compaixão brota em seu coração, você naturalmente quer estender a mão para ajudar os outros a sofrer menos.

Compreensão e compaixão não são para outras pessoas cultivarem. Elas podem lhe curar e aumentar a sua felicidade. Um ser humano sem compreensão e compaixão não é um ser feliz. Sem compaixão e compreensão, você está completamente só e desconectado. Você não consegue se relacionar com nenhum outro ser humano.

Eu não gostaria de viver num mundo sem sofrimento nenhum, pois assim também não haveria compaixão e compreensão. Se você nunca passou fome, não pode apreciar o fato de ter algo para comer. Se você nunca passou por uma guerra, não sabe o valor da paz. É por isso que não devemos tentar fugir das coisas desagradáveis, uma após a outra. Acolhendo nosso sofrimento, contemplando-o profundamente e transformando-o em compaixão, encontraremos um caminho de felicidade.

Com consciência plena, os sentimentos que eram dolorosos e difíceis se transformam em algo belo: o bálsamo magnífico e curador da compreensão e compaixão.

Facilitando a comunicação

Nossa dificuldade mais fundamental é que às vezes nos falta uma boa comunicação dentro de nós mesmos. Nós não nos compreendemos. Em nosso corpo há conflitos e tensões e não conseguimos resolvê-los. Ao invés de parar e contemplar profundamente, nós estamos fugindo, o mais longe possível, da solidão, do luto, da tristeza, da raiva e do vazio que achamos que não conseguimos suportar.

Se estivermos nesta situação e acharmos que somos incapazes de nos comunicar bem com os outros, isso é normal. Eles não estão se comunicando com eles mesmos e nós não estamos nos comunicando com nós mesmos, então será que é espantoso que tenhamos dificuldade de nos comunicar uns com os outros? A situação não requer acusação nem punição, ela requer compreensão e compaixão.

Com a prática da consciência plena, começando com a nossa respiração consciente, nós admitiremos que há sofrimento dentro de nós, e que o sofrimento também está presente na outra pessoa. Nós mesmos precisamos de ajuda. A outra pessoa também precisa de ajuda. Ninguém precisa de punição. Então quando você tiver raiva e sofrer, não tente dizer ou fazer algo para punir a outra pessoa, pois já existe muito sofrimento dentro dela, e puni-la não melhorará a situação de forma alguma.

A maneira mais efetiva de demonstrar compaixão pelo outro é ouvindo, em vez de falando. Você tem uma oportunidade de praticar a escuta profunda e compassiva. Se conseguir ouvir a outra pessoa com compaixão, a sua escuta é como um bálsamo para a ferida dela. Na prática da escuta compassiva, você ouve com apenas um objetivo: dar a outra pessoa a oportunidade de falar à vontade e sofrer menos.

Esta prática requer uma concentração estável e que você respire conscientemente para não interromper ou tentar corrigir o que ouve. Enquanto a outra pessoa fala, você pode ouvir muita amargura, percepção errada e acusação no discurso dela. Se permitir que estas coisas desencadeiem sua raiva, perderá a capacidade de escutar profundamente.

Em vez disso, mantenha o seu verdadeiro propósito e lembre-se: "O meu único objetivo, ouvindo dessa maneira, é ajudar a outra pessoa a sofrer menos. Ela pode estar cheia de percepções erradas, mas não vou interrompê-la. Se eu intervir com a minha opinião sobre as coisas ou corrigi-la, vai se tornar um debate, não a prática da escuta profunda. Em outro momento, pode ser que surja uma oportunidade de eu oferecer a ela um pouco de informação que possibilitará a ela corrigir suas percepções errôneas; mas não agora". Este tipo de cuidado lhe ajuda a manter viva sua compaixão e lhe resguarda de ter as suas sementes de raiva incitadas. Pode ser que você seja, quem sabe, a primeira pessoa a ouvi-la profundamente desta maneira.

Quando você tiver compreendido o sofrimento do outro e estiver pronto para falar, sua voz vai conter compaixão. Você poderá usar a fala amorosa livre de julgamentos ou acusações. Você poderá dizer algo do tipo: "Não tenho a intenção de fazer você sofrer. Eu não compreendi o seu sofrimento. Desculpe-me. Por favor me ajude contando seus conflitos e dificuldades. Preciso que você me ajude a lhe entender". Ou você pode ser capaz de dizer: "Eu sei que você sofreu muito, por muitos e muitos anos. Eu não fui capaz de lhe ajudar a sofrer menos. Ao invés disso, piorei a situação. Eu reagi com raiva e teimosia e ao invés de lhe ajudar, fiz você sofrer mais. Sinto muito". Muitos de nós não somos mais capazes de usar este tipo de linguagem com o outro porque sofremos muito. Mas quando praticamos conscientemente a escuta profunda e a fala amorosa, muita cura e felicidade são possíveis.

Ser um sino de consciência plena para um ente querido

Se um ente querido seu estiver sofrendo, você pode ser um aliado compassivo dele. Você pode se dispor a sentar com ele quando ele tiver que ter uma conversa difícil com alguém, seja pessoalmente ou por telefone. Toda vez que a pessoa com quem ele estiver falando disser algo que você acha que pode desencadear raiva ou tristeza nele, você pode apertar a mão do seu amado. Este é o seu sino de consciência plena. Diga ao seu amado antecipadamente: "Quando você sentir um aperto de mão, lembre-se que você não precisa falar coisa alguma. Entenda que isso é um lembrete para você inspirar e expirar três vezes lentamente, prestando atenção à sua respiração. Tente sorrir. Talvez a pessoa com quem você esteja conversando fique muito admirada com a qualidade da sua escuta. Apenas inspire e expire três vezes, não diga coisa alguma e tente sorrir".

Desempenhe o papel de sino da consciência plena. O seu aperto de mão é como um sino chamando o seu amigo amorosamente para voltar-se para dentro de si. Aquele aperto de mão significa: "Eu estou aqui para você. Você não tem que fazer coisa alguma a não ser respirar".

4

Aliviando o sofrimento

$\mathcal{A}$lgumas das situações e acidentes que nos causam o maior sofrimento, quando vistos objetivamente, não parecem ser muito grandes. Mas como não sabemos administrá-los, temos a sensação de que eles sejam enormes. Se perdemos alguém que amamos – é claro que esta é uma grande perda –, existe dor real ali e nós a sentimos intensamente. Mas também podemos passar dias nos preocupando porque alguém não gosta da gente, ou porque não dissemos ou fizemos a coisa certa, ou porque não vamos conseguir a promoção que queremos. Estes são os pequenos sofrimentos, relativamente falando, mas nós os ampliamos ao ponto de eles parecerem ocupar todo o nosso espaço mental.

Se soubermos administrar os pequenos sofrimentos, não teremos que sofrer diariamente. Podemos praticar deixando para lá aquilo que os franceses chamam *les petites miseres*, as pequenas infelicidades, e poupar nossa energia para acolher e aliviar as dores reais da doença e perda que são inevitáveis.

Arremessando a flecha

Há um ensinamento budista que se encontra no Sutra Sallatha, conhecido como "A flecha". O Sutra diz que se uma flecha lhe acertar, você sentirá dor naquela parte do corpo atingida pela flecha; e depois, se uma segunda flecha vier e acertar exatamente aquele mesmo lugar, a dor não será dobrada, ela será pelo menos dez vezes mais intensa.

As coisas indesejáveis que às vezes acontecem na vida – ser rejeitada, perder um objeto de valor, fracassar num teste, ser ferido num acidente – são análogas à primeira flecha. Elas podem causar alguma dor. A segunda flecha, arremessada por nós mesmos, são nossas reações, nossas interpretações e ansiedades. Todas essas coisas ampliam o sofrimento. Muitas vezes, o maior desastre que estamos ruminando sobre ele sequer aconteceu. Podemos estar preocupados, por exemplo, porque temos câncer e vamos morrer em breve. Nós não sabemos, e o nosso medo do desconhecido faz a dor aumentar ainda mais.

A segunda flecha pode tomar a forma de reprovação ("como eu pude ter sido tão burra?"), medo ("e se a dor não desaparecer?") ou raiva ("eu detesto estar com dor, não mereço isso!"). Podemos rapidamente evocar mentalmente um reino infernal de negatividades, que multiplica o estresse do evento real por dez vezes ou até mais. Parte da arte de sofrer apropriadamente é o aprendizado de não ampliar nossa dor, ou de ser arrastado por medo, raiva e desespero. Nós aumentamos e mantemos nossas reservas de energia para lidar com os grandes sofrimentos; os pequenos sofrimentos podemos deixá-los pra lá.

Se você perder o seu emprego, é claro que sentir medo e ansiedade é uma resposta normal. É verdade que, na maioria dos casos, estar fora do mercado de trabalho é um sofrimento; e atrelado a ele há um perigo real de você não ter comida suficiente ou não poder comprar os medicamentos necessários. Mas você não precisa piorar este sofrimento tecendo histórias na sua cabeça que são muito piores do que a realidade. Algumas pessoas nessa situação podem pensar: "Eu não sou boa nisso ou naquilo" ou "Eu nunca vou conseguir outro emprego" ou "eu decepcionei minha família". É importante se lembrar que tudo é impermanente. Um sofrimento pode surgir – ou pode ser resolvido – por qualquer pessoa a qualquer momento.

Em vez de jogar fora a energia boa, condenando a si mesmo ou ficando obcecado sobre qual catástrofe poderia estar prestes a acontecer, você pode simplesmente ficar presente com o sofrimento real que está diante de você, com o que está acontecendo agora mesmo. Consciência plena é reconhecer o que existe no momento presente. Há sofrimento sim; mas o que também está acontecendo é que você ainda está vivo: *"Inspirando, eu sei que estou vivo"*. Os seus olhos ainda funcionam bem: *"Inspirando, estou consciente dos meus olhos. Expirando, eu sorrio para os meus olhos"*.

Ter olhos em boas condições é algo maravilhoso. Porque, tendo-os em boas condições, será sempre possível ver um paraíso de formas e cores disponíveis a todo momento. Há os que entre nós ficaram cegos. Essas pessoas perderam aquele caleidoscópio de formas e cores que muda incessantemente; e o que elas mais querem, acima de tudo, é recuperar essa faculdade visual. Você só precisa abrir os olhos para entrar em contato com esse caleidoscópio. Verá um paraíso, se você simplesmente parar para percebê-lo e apreciá-lo. Se você tem olhos em boas condições, simplesmente abra-os e desfrute-os. A felicidade é possível imediatamente – mesmo que nem tudo esteja perfeito.

Quando você olha alguém que você ama, se ele ou ela estiver absorvido(a) em ansiedade, você pode ajudar essa pessoa a encontrar uma saída. *"Querido(a), você vê o pôr do sol? Você vê a primavera chegando?"* Isto é consciência plena. A consciência plena nos deixa conscientes do que está acontecendo agora. Sempre há condições de felicidade presentes em mim, e elas estão também me arrodeando.

Os complexos e o senso de um eu separado

A maioria das segundas flechas que atiramos em nós mesmos vem das nossas crenças. Um problema fundamental que nos traz sofrimento é a ideia de sermos um eu separado. Isso faz surgir o complexo de inferioridade, superioridade e igualdade. Enquanto tivermos a ideia de um eu, tentaremos proteger esse eu fugindo de todos os tipos de ameaças e desconfortos. Se há alguma solidão, alguma raiva ou algum medo, nós não gostamos disso, e tentamos fazer de conta que o sofrimento inexiste. *"Não é nada"*, dizemos com nervosismo tentando varrer todos os sentimentos para debaixo do tapete.

Nós criamos dor desnecessária quando reagimos a um evento desagradável comparando-nos aos outros, reforçando assim nossa ilusão de existir separadamente. Podemos sentir uma fugaz satisfação quando dizemos a nós mesmos: *"Eu sou melhor do que ele. Eu não me importo com o que ele diz"*. Este é o complexo de superioridade. Ou podemos tentar ficar imunes à frustração pensando: *"Eu nunca serei tão boa quanto ela. Não faz sentido tentar"*. Este é o complexo de inferioridade. A maioria das pessoas pensam que a melhor maneira de lidar com estes complexos é mantendo a crença: *"Eu sou igual a eles"*. Mas este também é um complexo inventado pela mente comparadora.

A igualdade é uma coisa boa quando se refere à oportunidade e acesso aos recursos – em outras palavras, tratar as necessidades e sentimentos de todos com respeito. Mas o esforço constante de provar que o seu "eu" é igual ao dos outros, isso só traz um alívio passageiro da dor da discriminação – e em última análise, cria mais sofrimento, pois perpetua nossa crença incorreta em um "eu" separado. Se pensarmos *"eu reivindico o direito de ser tão bom quanto ele"*, ainda há a ideia de um "eu" separado e, portanto, sempre haverá comparação. Enquanto você continuar a se comparar, você sofrerá do medo de parecer pequeno; e até pior, você se manterá constantemente aprisionado na dolorosa delusão do isolamento e da alienação.

A grama mais verde: a história de Buda e Mara

Essa história, sobre Buda se encontrando com Mara, ilustra o problema dos complexos. Nas histórias budistas, Mara é a personificação de toda depravação e delusão, tudo o que nos faz sofrer na vida.

Buda estava fazendo um retiro solitário numa caverna. O seu assistente e aluno, o Venerável Ananda, saía pedindo esmolas e, quando voltava, dividia suas oferendas em duas partes: uma para ele e outra para Buda. Certa manhã, quando Buda estava sentado em meditação no interior da caverna, o Venerável Ananda, sentado do lado de fora da caverna, viu alguém se aproximando. Ananda teve um pressentimento de que era alguém muito familiar. Era Mara!

Ananda quis se esconder em algum lugar, para que Mara, não vendo ninguém, não se aproximasse da caverna e não perturbasse Buda. Mas já era tarde demais. Mara veio até Ananda e perguntou: "Venerável Ananda, o seu professor está aqui?" Ananda queria mentir e dizer: "Não, Buda não está aqui". Buda foi para "algum tipo de reunião, conferência ou coisa do tipo!" Mas mentir não é apropriado para um monge, então ele disse finalmente: "Porque você está perguntando isso?"

Mara respondeu: "Eu quero visitar Buda". Ananda respondeu com muito desprezo: "Vá embora! Você não é amigo de Buda. Você é inimigo dele. Você não está lembrado de o quanto tentou desestimular Buda, sentado sob a árvore Bodhi, para que ele não despertasse e Buda lhe derrotou rigorosamente? Buda não vai lhe receber".

Quando Mara ouviu aquilo, deu uma gargalhada: "Ha! Ha! Ha! É mesmo? O seu Buda tem inimigos? Eu achava que ele tinha dito que não tinha inimigos. Por que será que ele tem um inimigo agora?"

Ananda emudeceu. Então ele entrou na caverna para perguntar a Buda se ele receberia Mara. Ananda estava esperançoso que Buda iria recusar. Mas ao saber quem estava lhe esperando lá fora, Buda disse: "Mara? Deixe-o entrar". Ananda ficou realmente decepcionado, mas foi obrigado a ir lá fora e deixar Mara entrar.

Quando Mara entrou, Buda se levantou e deu as boas-vindas a Mara como se ele fosse um velho amigo. Ele convidou Mara para sentar-se num lugar distinto e pediu que Ananda trouxesse chá e água para Mara beber. Ananda ficou muito chateado com isso. Ele se alegraria de trazer chá para Buda duzentas vezes por dia; mas, para Mara, Ananda não queria fazer isso de jeito nenhum. Mesmo assim, ele foi e serviu o chá, esperando que Buda e Mara tivessem uma rápida conversa. De fato, a conversa terminou sendo muito longa.

Buda e Mara conversaram como se fossem grandes amigos. Buda disse: "Mara, como você tem passado? Como você está?" E Mara disse: "Não estou muito bem". "O que aconteceu?" – Buda perguntou.

E Mara respondeu: "Os meus discípulos não estão me ouvindo mais. Eles costumavam fazer tudo o que eu dizia para eles fazerem, mas hoje em dia eles querem se rebelar. Todos os meus generais, todos os meus soldados, todos os meus discípulos querem praticar a consciência plena, querem praticar andando em meditação, querem praticar comendo em silêncio, querem proteger a Terra. Eu não sei quem conquistou eles. Querido Buda, eu estou tão cansado de ser Mara; eu quero ser outra pessoa. Não pense que ser Mara é somente festas extravagantes, jogos e diversões".

Buda sorriu. "Você acha que ser Buda é uma grande diversão? Você sabia que as pessoas falam coisas que eu nunca disse e depois dizem que fui eu quem disse aquilo? Elas fazem coisas que eu nunca fiz ou as encorajei a fazer, mas elas dizem que fui eu quem as encorajei a fazer tais coisas.

Eu abri mão da minha elevada reputação, da minha posição principesca, e de uma infinidade de prazeres sensuais disponíveis. Eu abandonei meu trono, minha linda esposa e bebê, futuros filhos e riqueza, tudo para que pudesse realizar a libertação. Mas agora as pessoas vêm ao templo orar e me suplicar para dar-lhes todas as coisas que eu renunciei! Elas não pedem paz e alegria; elas só pedem muito dinheiro, poder, ou para os seus filhos tirarem boas notas nas suas provas. Elas constroem uma grande edificação e dizem que é minha casa. Mas esta edificação é somente um lugar onde as pessoas vêm transitar e oferecer comida, bananas e arroz-doce e dinheiro, para que elas possam ter mais dinheiro para gastar com elas mesmas. Elas fazem estátuas de mim e enfiam todo o dinheiro delas no meu corpo. Quando celebram meu aniversário, colocam minha estátua em pé no topo de um carro e dirigem sem atenção pela cidade enquanto o meu corpo é sacudido para lá e para cá. Eu nunca quis estar passeando sobre um carro. Então não pense que ser Buda é auspicioso. Você quer trocar de lugar?"

Ananda estava apavorado que Mara concordasse, mas por sorte ele não concordou. Em seguida Buda disse: "Mara, faça o seu trabalho. Faça-o melhor que você puder. Eu farei o meu. Nada é fácil o tempo todo. Eu sei que ser Mara é muito difícil. Mas ser um Buda também tem suas dificuldades. Cada um de nós tem que desempenhar o nosso papel com todo coração".

Toda vida tem suas provações e atribulações. Podemos navegá-las com mais habilidade quando não perdemos tempo e energia atirando uma segunda flecha em nós mesmos – como acontece quando ficamos discorrendo longamente sobre como a grama do jardim do nosso vizinho é mais verde do que a do nosso.

5
Cinco práticas para nutrir a felicidade

$\mathcal{N}$ós não temos que esperar pelo fim de todo o sofrimento para podermos ser felizes. A felicidade está disponível para nós aqui e agora mesmo. Mas talvez precisemos mudar nossa ideia de felicidade. Pode ser que a nossa própria ideia de verdadeira felicidade seja o principal obstáculo que nos afasta dela.

Há ostras vivendo nas profundezas do mar que não têm olhos; elas nunca viram o céu azul ou as estrelas. Nós temos olhos, podemos ver o lindo céu acima de nós, mas frequentemente não apreciamos o que temos. Na maior parte do tempo, simplesmente ignoramos o que temos. Há mais condições de felicidade disponíveis do que você e eu podemos contar, muito mais do que é preciso para nos fazer felizes aqui e agora. Se você é capaz de ler um livro, ler e compreender estas palavras você já é muito mais sortudo do que muita gente.

A diferença entre alegria e felicidade

Nós podemos ter experiências de alegria e de felicidade, e os ensinamentos budistas fazem sim uma distinção entre as duas. Na alegria, ainda existe algum elemento de excitação. Pense numa pessoa andando num deserto cuja água potável terminou. Se de repente aquela pessoa vê que existe um oásis adiante – árvores com belas sombras e um lago de água doce – ela sentirá alegria. Quando aquela pessoa chega ao lago e realmente colhe a água com uma caneca e bebe, isto é felicidade. Você pode experimentar ambas.

O método aqui é simples. Você inspira, você traz sua mente para a lar do seu corpo, você se estabelece no aqui e agora, e reconhece o que está ao seu redor. Então a alegria e a felicidade nascem facilmente, a partir do seu reconhecimento de todos os elementos positivos disponíveis agora mesmo.

Por que Buda continuou meditando?

Quando eu era um jovem noviço eu ficava questionando por que Gautama, o Buda, continuou praticando a consciência plena e a meditação mesmo depois de ter se tornado um Buda. Agora eu acho que a resposta é suficientemente simples para ser compreendida. A felicidade é impermanente, como tudo o mais é. Para a felicidade crescer e se renovar, você tem que aprender a alimentar sua felicidade. Nada pode sobreviver sem alimento, inclusive a felicidade; sua felicidade pode morrer se você não souber nutri-la. Se você cortar uma flor, mas não a colocar em uma porção de água, a flor vai murchar em poucas horas. Mesmo se a felicidade já estiver se manifestando, temos que continuar a nutri-la. Às vezes, chama-se isso de condicionamento, e é muito importante. Podemos condicionar nossos corpos e mentes para serem felizes as cinco práticas de deixar para lá, de convidar sementes positivas, da consciência plena, concentração e *insight*.

A primeira prática: deixar pra lá

O primeiro método para se criar alegria e felicidade é largar aquilo que não nos serve mais, esquecer. Existe um tipo de alegria que vem de deixar pra lá. Muitos de nós estamos atados a muitas coisas. Acreditamos que essas coisas são necessárias à nossa sobrevivência, à nossa segurança e à nossa felicidade. Mas muitas delas – ou mais precisamente, nossas crenças de elas serem absolutamente necessárias – são realmente obstáculos à nossa alegria e felicidade.

Às vezes você pensa que ter uma determinada carreira, diploma, salário, casa ou parceiro é crucial para sua felicidade. Você acha que não pode continuar sem isso. Mesmo quando já alcançou tal situação, ou está com aquela pessoa, você continua a sofrer. Ao mesmo tempo, você ainda teme que se abrir mão do prêmio que conquistou, será ainda pior; você ficará ainda mais infeliz sem o objeto no qual está se agarrando. Você não consegue viver com ele, e não consegue viver sem ele.

Se você examinar profundamente o seu apego medroso, você compreenderá que, na verdade, ele é o próprio obstáculo à sua alegria e felicidade. Você tem a capacidade de largá-lo. Deixar pra lá requer muita coragem às vezes. Mas quando você abre mão, a felicidade vem muito rapidamente. Você não tem que sair por aí procurando por ela.

Imagine que você mora na cidade e está viajando para passar um fim de semana na zona rural. Se você mora numa grande metrópole, lá existe muito barulho, poeira, poluição e odores, mas também muitas oportunidades e diversão. Um dia um amigo lhe convence a sair por dois dias. Pode ser que inicialmente você diga: "Eu não posso. Tenho muito trabalho. Eu poderia perder uma chamada importante". Mas finalmente ele lhe convence a viajar, e uma ou duas horas mais tarde, você se encontra na zona rural. Você vê o espaço aberto, você vê o céu e sente a brisa em seu rosto. A felicidade nasceu do fato de você ter conseguido deixar a cidade para trás. Se não tivesse deixado, como poderia experimentar esse tipo de alegria? Você precisou deixar pra lá.

Soltando suas vacas

Um dia Buda estava sentado na floresta com alguns dos seus monges. Eles tinham acabado de voltar da ronda de mendicância e estavam prontos para almoçar juntos em plena atenção. Um agricultor passou, aparentemente perturbado, e perguntou ao Buda: "Monges, vocês viram algumas vacas passando por aqui?"

"Que vacas?" – Buda respondeu. "Bem", disse o homem. "Eu tenho quatro vacas, mas hoje de manhã não sei por que todas elas fugiram. Eu também tenho dois hectares de gergelim. Este ano os insetos comeram toda a safra. Perdi tudo: minha colheita e minhas vacas. Estou sentindo vontade de me matar". Buda disse: "Querido amigo, estivemos sentados aqui há quase uma hora e não vimos vacas nenhuma passando aqui por perto. Talvez fosse bom você ir olhar em outra direção". Depois que o agricultor foi embora, Buda olhou para os seus amigos e sorriu conscientemente. "Queridos amigos, vocês têm muita sorte", disse ele. "Vocês não têm vaca nenhuma para perder".

Eu conheci uma rica senhora que morava em Nova York, que comprou um pedaço de terra adjacente ao prédio dela. Ela queria construir um grande complexo de apartamentos no terreno para depois vendê-lo e assim ganhar muito dinheiro. Um amigo veio visitá-la e ficou parado olhando através da janela, que tinha uma bela vista da Ponte George Washington e um vasto céu azul. O amigo virou-se para a senhora que tinha comprado o terreno e disse a ela: "Não construa o complexo de apartamentos. Se você fizer isso, você vai deixar de ter essa linda vista. Seus vizinhos vão deixar de ter uma vista. Vocês vão deixar de ver o céu azul e o rio. Você só precisa ficar aqui em pé olhando e terá felicidade. Para que ter mais dinheiro e perder toda essa beleza e felicidade?" A mulher foi capaz de ouvir isso e mudou os seus planos de construção, libertando uma grande vaca, graças ao sábio conselho de um amigo.

Uma das maiores vacas que temos é a nossa ideia estreita de felicidade. Você pode sofrer somente por causa da sua ideia; e continuar sofrendo até que, um dia, você seja capaz de largar aquela ideia e imediatamente se sentir feliz.

Um país inteiro pode se aprisionar numa única vaca. Uma nação de centenas de milhões pode acreditar que essa ou aquela ideologia é crucial para que o país se torne uma grande potência mundial, e que o *status* de superpotência seja essencial para a felicidade das pessoas. Então, eles investem tudo naquela ideologia, e insistem que seja o melhor caminho, o único caminho. Países podem se agarrar a suas vacas durante centenas de anos, e durante esse tempo o povo sofre muito. Finalmente, um dia, o país pode se abrir à mudança e descobrir que ele realmente funciona melhor e gera mais felicidade quando está sendo administrado de forma diferente. Cada um de nós tem uma ideia de felicidade que pode se tornar muito arraigada, demasiadamente rígida. Cada um de nós tem vacas a ser soltas.

Considere a prática de soltar suas vacas. Pegue um pedaço de papel e anote os nomes das suas vacas, as coisas que você acha que sejam cruciais para seu bem-estar. Talvez esta semana você possa começar soltando apenas uma. Talvez duas. Ou talvez cada uma leve um ano ou mais. Quanto mais vacas você soltar, mais alegre e feliz você se tornará.

A *história de Badhiya*

Há uma história sobre um primo de Buda, chamado Badhiya. Ele foi governador de uma província no reino dos Shakyas, atualmente chamada de Índia. Um dia, vários dos seus amigos monges, que eram alunos de Buda, foram até Badhiya convidá-lo a juntar-se à comunidade deles. Badhiya hesitou. Enquanto governador, ele tinha o comando de muitos soldados, muito dinheiro e uma posição de poder. Mas, finalmente, os seus amigos o persuadiram. Então ele deixou tudo para trás e veio de mãos vazias para a floresta, onde Buda o ordenou como um monge. Ele não tinha mais uma casa luxuosa para morar. Ele só tinha três mantos, uma tigela, e uma esteira de sentar.

Uma noite Badhiya estava meditando ao pé de uma árvore. De repente, enunciou as palavras "Oh, minha felicidade! Oh, minha felicidade". Acontece que havia outro monge sentado nas proximidades, e ele pensou que Badhiya estava lamentando o fato de ter abandonado seu cargo de governador. Então, ao amanhecer, este monge foi até Buda e relatou para ele: "Querido professor, ontem tarde da noite eu estava sentado em meditação. De repente, ouvi o monge Badhiya exclamando: "Oh, minha felicidade; oh, minha felicidade". Eu acho que ele tem algum problema.

Buda enviou seu assistente para chamar Badhiya para vir até ele. Diante de um grupo de monges, Buda disse: "Badhiya, é verdade que ontem à noite, quando todos estavam sentados meditando, você falou duas vezes a frase, 'Oh, minha felicidade; oh, minha felicidade'?" E Badhiya respondeu: "Sim, nobre professor, eu falei isso duas vezes".

"Você poderia nos explicar por que enunciou essas três palavras durante a noite?", Buda perguntou.

E Badhiya disse: "Querido professor, quando eu era governador, meu palácio era vigiado por centenas de guardas, mas eu ainda tinha muito medo. Eu tinha medo de ladrões virem me matar, ou no mínimo levar embora todos os meus objetos de valor. Por isso eu vivia com medo, dia e noite. Mas ontem à noite eu percebi que agora eu não tenho o que perder. Eu estava sentado na floresta ao pé de uma árvore, e nunca me senti tão seguro em minha vida. Ninguém quer mais me matar porque eu não tenho poder nem riqueza, nem joias para ser roubada. Eu nada tenho. No entanto, finalmente tenho tudo. Estou em contato com uma imensa felicidade e liberdade. É por isso que enunciei as palavras, 'Oh, minha felicidade. Oh, minha felicidade'. Se eu tiver perturbado alguém, eu sinto muito".

A segunda prática: convidando as sementes positivas

Cada um de nós tem muitos tipos de "sementes" adormecidas nas profundezas da nossa consciência. As sementes que aguamos são as que brotam, ou seja, elas sobem à nossa consciência e se manifestam externamente. Desse modo, em nossa consciência existe inferno e também existe o paraíso. Somos capazes de ser compassivos, compreensivos e alegres. Se prestarmos atenção somente nas coisas negativas em nós, especialmente o sofrimento de mágoas passadas, estamos nos afundando em nossas dores e não recebendo qualquer alimento positivo. Podemos praticar a atenção apropriada, regando qualidades saudáveis em nós, ao entrarmos em contato com as coisas positivas, que estão sempre disponíveis, dentro e em torno de nós. Este é um bom alimento para a nossa mente.

Uma maneira de cuidar do nosso sofrimento é convidando uma semente de natureza oposta para vir à tona. Como nada existe sem o seu oposto, se você tiver a semente da arrogância, você também terá a semente da compaixão. Cada um de nós tem uma semente de compaixão. Se você praticar a consciência plena da compaixão, dia após dia, sua semente de compaixão vai se tornar forte. Você só precisa se concentrar nela e ela aparecerá como uma poderosa zona de energia. Naturalmente, quando a compaixão surge, a arrogância desaparece. Você não tem que lutar contra ela ou forçá-la a descer. Podemos regar seletivamente as boas sementes e nos abster de regar as sementes negativas. Isso não significa ignorar o nosso sofrimento; significa apenas permitir que as sementes positivas, que naturalmente já estão lá, recebam atenção e sejam nutridas.

A terceira prática: alegria baseada na consciência plena

A consciência plena tanto nos ajuda a entrar em contato com o sofrimento, para que assim possamos abraçá-lo e transformá-lo, como também entrar em contato com as maravilhas da vida, inclusive o nosso próprio corpo. Desse modo, inspirar torna-se um deleite, e expirar também pode sê-lo. Você realmente passa a ter prazer com sua respiração.

Alguns anos atrás, eu tive um vírus em meus pulmões que os faziam sangrar. Eu estava cuspindo sangue. Com os pulmões assim, era difícil respirar e era difícil ser feliz enquanto eu respirava. Após o tratamento, meus pulmões ficaram curados e minha respiração tornou-se muito melhor. Agora, quando respiro, tudo o que preciso fazer é me lembrar do tempo em que meus pulmões estavam infectados com aquele vírus. Assim, cada respiração torna-se realmente deliciosa, muito boa.

Quando praticamos os exercícios de respirar ou caminhar conscientemente, nós trazemos nossa mente para a casa do nosso corpo e ficamos estabelecidos no aqui e no agora. Nós nos sentimos muito afortunados por termos tantas condições de felicidade que já estão disponíveis. A alegria e a felicidade vêm imediatamente. Então estar plenamente consciente é uma fonte de alegria. Estar plenamente consciente é uma fonte de felicidade.

A consciência plena é uma energia que você pode gerar o dia inteiro através da sua prática. Você pode lavar sua louça em estado de plena atenção. Você pode cozinhar o seu jantar plenamente consciente. Você pode esfregar o chão em estado de atenção plena. E plenamente consciente você pode contatar as muitas condições de felicidade e alegria que já estão disponíveis. Você é um verdadeiro artista. Você sabe criar alegria e felicidade a qualquer momento que quiser. Esta é a alegria e a felicidade nascida da consciência plena.

Gostando de estar sentado

Sentar em meditação também é uma oportunidade de nos curar e criar momentos de alegria. Esse não é um momento em que você se obriga a ficar sentado ali, esperando que o sino anuncie o fim da sessão. Isso seria um desperdício. Esses momentos de vida são muito raros, são muito preciosos, e nunca mais voltarão. Muitas pessoas neste mundo não têm tempo de sentar para fazer nada; dessa forma elas acham isso antieconômico ou um luxo, e dizem: "tempo é dinheiro". Mas sabemos que sentar em meditação pode ser muito saudável, muito rentável à sua própria maneira. Então temos que aprender a desfrutar cada momento da nossa meditação sentada – como respirar, como sentar de um modo que cada momento da nossa sessão de meditação possa nos nutrir e curar.

Apreciando os nossos passos

Muitos de nós estamos numa pressa perpétua, e não apreciamos os passos que damos. Toda vez que paramos e trazemos a mente de volta à nossa respiração e ao nosso passo, podemos produzir um sentimento de paz e alegria, e entrar em contato com as maravilhas da vida. Nosso corpo é uma maravilha. Nosso corpo é como uma flor; é uma maravilha da vida. Existem tantas maravilhas da vida à nossa volta e dentro de nós que somos incapazes de estar em contato porque estamos sempre apressados. Estamos à procura de alguma coisa, de alguma felicidade, talvez. Então, não percebemos a vida que nos cerca; caminhamos como zumbis, olhando para os nossos *smartphones* ou perdidos em pensamentos. Não apreciamos os nossos passos.

Em Plum Village, nós praticamos a caminhada meditativa junto com a Sanga, a comunidade de prática. Se alguém lhe perguntasse: "Qual é o propósito de andar em meditação? Qual é o fundamento? Por que você pratica isso?" Há várias respostas que poderíamos dar. Mas para mim a melhor resposta é: "Eu pratico porque gosto". Eu aprecio cada passo; cada passo me deixa feliz.

Seria inútil andar em meditação se você não apreciar cada passo que der. Seria um desperdício de tempo.

O mesmo acontece com relação a sentar em meditação. Se alguém lhe perguntar: "Pra que serve sentar em meditação e não fazer coisa alguma?" A melhor resposta é: "Sento porque gosto de sentar". Se você não consegue produzir paz e alegria sentado em meditação, então é inútil sentar em meditação. Não iria ajudá-lo, mesmo se você sentasse dez horas por dia. Temos que aprender *como* sentar para poder produzir paz e alegria durante o tempo da sessão. Temos que aprender a andar, para que possamos desfrutar cada passo. Caminhar sobre o Planeta Terra é uma coisa muito maravilhosa de ser feita. Há cientistas que passam meses no espaço, longe da Terra. Quando retornam à Terra, eles ficam tão felizes em poder pisar sobre o nosso planeta novamente.

Isso diz respeito à qualidade de andar e sentar. Sabemos que a consciência plena e a concentração podem melhorar a qualidade dos nossos passos, da nossa respiração e sessão de meditação sentada. Iluminação é sempre a iluminação de algo. Você está *ciente* de estar vivo; isso já é iluminação. Você está *ciente* de que tem um corpo; isso já é iluminação. Você está ciente de que os seus pés são suficientemente fortes para que você possa desfrutar as caminhadas; isso também é iluminação.

Quando escovar os dentes, você pode optar por fazê-lo em plena consciência. Você não pensa em outras coisas. Você apenas concentra sua atenção em escovar os dentes. Talvez você leve dois ou três minutos escovando os dentes. Você pode produzir a energia da alegria e felicidade durante esse tempo simplesmente por estar consciente de seus dentes e da sua escovação. Quando for ao banheiro, defecar ou urinar, também é possível curtir esse tempo. A consciência plena pode mudar tudo, ajudando você a realmente estar presente e apreciar qualquer coisa que estiver fazendo.

Muitos de nós passamos nossas vidas correndo atrás de confortos materiais e de confortos afetivos. Podemos achar que fomos bem-sucedidos – temos dinheiro suficiente e temos alguém que nos ama e nos compreende; entretanto não estamos felizes. Talvez seja porque não estamos praticando a atenção plena que nos ajudaria a reconhecer as inúmeras condições de felicidade já existentes.

Verso matinal em prol da felicidade

Quando você acordar de manhã, a primeira coisa a fazer é respirar e tornar-se consciente de que você tem vinte e quatro horas novinhas em folha para viver. Este é um presente da vida.

Depois de ter me ordenado um monge noviço, eu tive que memorizar muitos poemas curtos que me ajudaram a praticar a consciência plena.

O primeiro deles é:

> *Acordando hoje de manhã eu sorrio.*
> *Tenho 24 horas para viver.*
> *Comprometo-me a vivê-las profundamente*
> *e aprender a olhar os seres à minha volta*
> *com olhos compassivos.*

Há quatro versos neste poema. O primeiro é para sua inspiração. O segundo, para sua expiração. O terceiro é para sua inspiração novamente. O quarto, para a sua expiração. Enquanto você respira, use o verso para focar sua atenção no significado das palavras. Você quer viver as 24 horas que lhe são dadas de uma maneira que seja possível ter paz, alegria e felicidade. Você está determinado a não desperdiçar suas 24 horas, porque você sabe que essas 24 horas são um presente da vida, e você recebe esse presente todas as manhãs. Isto é consciência plena.

Há mais de cinquenta poeminhas como este que um noviço, monge ou monja, tem que memorizar e praticar no decorrer do dia. Quando escova os dentes, ela ou ele silenciosamente recita um verso. Quando urina, há um verso para praticar. Quando veste seu manto, tem outro para este momento. A prática da consciência plena significa ser consciente de tudo o que você faz na sua vida diária, para viver mais profundamente cada momento que lhe foi dado para viver, para que você não desperdice o seu tempo e sua vida também não seja desperdiçada.

Criando felicidade

Nós sabemos como nutrir a felicidade com a consciência plena. Nós entramos em contato com os elementos maravilhosos da vida em nós e à nossa volta. Não precisamos ficar dando voltas; não temos que sair buscando no futuro. As condições já existem. Com consciência plena podemos descobrir que as condições de felicidade, que já dispomos, são suficientes, realmente muito mais do que suficientes; e é possível ser feliz agora mesmo. Quando você anda, isso pode ser uma celebração. Quando você respira com consciência, isso é para ser celebrado. Quando sentamos desse modo, estamos celebrando; estamos celebrando a vida.

Do mesmo modo como podemos ter várias aflições que a consciência plena pode nos ajudar a soltá-las, também dispomos de uma infinidade de pequenos momentos felizes que podemos saborear e ampliar. Esteja você bebendo uma xícara de chá, ou dando um passeio, ou simplesmente sentado e olhando, você pode criar felicidade durante esse tempo. As pessoas reclamam que não têm felicidade alguma na vida. Nós precisamos encontrar as inúmeras alegriazinhas que a vida tem para oferecer e ajudá-las a crescer.

Há muitas pessoas talentosas com diplomas, formação superior e títulos longos. Há pessoas que podem inventar novas máquinas revolucionárias e aplicativos para computador. Talvez quiséssemos perguntar a elas: "Você é capaz de criar um momento de felicidade?" Se você sabe como fazer isso, você pode criar algo verdadeiramente benéfico.

Para fazer uma sopa nós precisamos de um pouco d'água, de alguns legumes, algum tofu, um pouco disto e um pouco daquilo. Você pode fazer uma sopa saborosa com apenas alguns ingredientes simples; não é necessário algo extraordinário. Uma pequena felicidade é uma espécie de sopa. Com poucos ingredientes, uma mente aberta e um pouco de desenvoltura, podemos criar um momento de felicidade para nós e para alguém próximo de nós. Podemos oferecer um pouco da nossa saborosa sopa para a outra pessoa. Se soubermos criar um momento de felicidade, nós mesmos desfrutaremos desta felicidade, e também podemos duplicá-la, ao partilhá-la com outra pessoa. Esta é a arte da felicidade, saboreando e se deleitando com as pequenas alegrias da vida cotidiana.

Eu sugiro que você pegue um pedaço de papel e anote todas as condições para a felicidade disponível para você agora mesmo. Uma página pode não ser suficiente. Duas páginas podem não ser suficientes. Três ou quatro páginas podem não ser suficientes. Quando reconhecemos todos estes elementos, é tão fácil gerar felicidade.

A quarta prática: concentração

A concentração nasce da consciência plena. A concentração tem o poder de ir além, de destruir as aflições que fazem você sofrer, e de permitir que a alegria e a felicidade entrem.

Permanecer no momento presente requer concentração. Preocupações e ansiedades acerca do futuro estão sempre ali, prontas para nos levar para longe. Podemos vê-las, reconhecê-las, e usar a nossa concentração para retornar ao momento presente.

Quando temos concentração, temos muita energia. Não seremos arrastados por visões de sofrimentos passados ou por medos acerca do futuro. Nós vivemos de forma estável no momento presente para estar em contato com as maravilhas da vida, e gerar alegria e felicidade.

A concentração é sempre concentração em algo. Se você focar na sua respiração de forma descontraída, você já está cultivando uma força interior. Ao retornar para sentir sua respiração, concentre-se nela com todo o seu coração e mente. A concentração não é um trabalho árduo. Você não tem que ficar tenso ou fazer um enorme esforço. A felicidade surge de maneira leve e fácil.

A quinta prática: discernimento

Com consciência plena, nós reconhecemos a tensão em nosso corpo, e queremos muito soltá-la, mas às vezes não conseguimos. O que precisamos é de algum discernimento.

Discernir significa compreender o que existe. É a clareza que pode nos libertar de aflições, como o ciúme ou a raiva, e permitir que a verdadeira felicidade venha. Cada um de nós tem discernimento, embora nem sempre façamos uso dele para aumentar a nossa felicidade.

Podemos saber, por exemplo, que algo (como um desejo, um rancor) é um obstáculo à nossa felicidade, e que isso nos traz ansiedade e medo. Sabemos que aquilo não vale a pena o sono que estamos perdendo por sua causa. Mesmo assim continuamos usando o nosso tempo e energia ficando obcecados sobre aquilo. Nós somos como um peixe que já foi uma vez capturado e sabe que existe um gancho dentro da isca; sc o peixe fizer uso desse discernimento, ele não irá mordê-la novamente, pois sabe que vai ser pego pelo gancho.

Muitas vezes nós apenas abocanhamos nossa ânsia ou rancor, e deixamos o gancho nos levar. Nós ficamos aprisionados e apegados a situações que não são dignas da nossa preocupação. Se a atenção plena e a concentração estiverem presentes, então o discernimento estará presente e poderemos fazer uso dele para nadarmos livres para longe.

Na primavera, quando há muito pólen no ar, alguns de nós têm dificuldade de respirar por causa das alergias. Mesmo quando não estamos tentando correr cinco milhas e só queremos sentar ou deitar, não conseguimos respirar muito bem. Então, no inverno, quando não há pólen, em vez de reclamar do frio, podemos lembrar como em abril ou maio não podíamos sair de forma alguma. Agora que os nossos pulmões estão limpos, podemos dar uma revigorante caminhada ao ar livre e podemos respirar muito bem. Nós invocamos conscientemente nossa experiência passada para nos ajudar a valorizar as coisas boas que estamos dispondo no agora.

No passado, provavelmente, nós sofremos de uma coisa ou de outra. Pode até mesmo ter se parecido como um tipo de inferno. Se nos lembrarmos daquele sofrimento, sem nos deixar ser levados por ele, podemos usá-lo para nos lembrar: "Como estou sendo afortunado neste momento; Eu não estou naquela situação; Eu possa ser feliz" – isto significa ter discernimento; e, nesse momento, a nossa alegria e a nossa felicidade podem crescer muito rapidamente.

6

A felicidade não é uma questão individual

Vimos que o nosso sofrimento está conectado com o sofrimento dos nossos ancestrais, dos nossos entes queridos, e com o próprio planeta, por isso sabemos que a nossa felicidade não é uma questão individual. Se formos capazes de respirar com alegria, podemos convidar os nossos ancestrais para terem o prazer de respirar com os nossos pulmões. Se estivermos em condições de gostar de fazer caminhadas, podemos convidar nossos antecessores para andar com os nossos pés.

Quando um jovem diz a seus pais: "Este corpo é meu; esta vida é minha. Eu posso fazer o que quiser com ela", ele está apenas parcialmente correto. Ele não compreende que também é a continuação de seus pais e de seus antecessores. Este corpo não é só seu. É também o corpo dos seus ancestrais. Seu corpo é um produto coletivo da sua nação, do seu povo, da sua cultura, dos seus ancestrais. Então você não é exclusivamente um indivíduo. Você, em parte, é coletivo.

Há muita gente que têm um sofrimento enorme, um sofrimento esmagador, e não sabe como acabar com este sofrimento. Para muitas pessoas, este sofrimento começa numa idade muito tenra. Então por que será que as escolas não nos ensinam a lidar com o sofrimento? Se o seu sofrimento for muito grande, você não consegue se concentrar, você não consegue estudar e não consegue focar. O sofrimento de cada um de nós afeta os outros. Quanto mais pudermos ensinar uns aos outros sobre a arte de sofrer de forma adequada, menos sofrimento haverá em todas as partes do mundo e maior será a felicidade.

Apropriando-se da consciência plena

Há momentos em que um sofrimento é tão grande, que precisa ser reconhecido por mais de uma só pessoa. Todos nós precisamos de ajuda, às vezes, quando o sofrimento ameaça nos dominar. Podemos nos apropriar da energia coletiva da consciência plena de um grupo de praticantes, para admitir e acolher o bloco de sofrimento em nós. Quando o sofrimento torna-se um obstáculo aparentemente intransponível, é possível aprender a como atrair para nós o apoio dos outros.

Se nos dispusermos a passar um tempo sentados juntos, permitindo que a energia coletiva de consciência plena reconheça e acolha nossa dor, nós vamos nos tornar uma gota d'água fluindo no rio de energia desperta e vamos nos sentir muito melhor. Pode ser que não tenhamos que fazer ou dizer coisa nenhuma. Nós apenas permitimos que a nossa dor seja abraçada pela energia da consciência plena coletiva. Pode ser que às vezes tenhamos de fazer o esforço de pedir ajuda de forma mais direta. Isso pode ser muito difícil. Mas outras pessoas querem sim ajudar, desde que nós peçamos ajuda a elas.

Se nossos entes queridos estiverem sofrendo, uma das melhores coisas que podemos fazer é nos oferecer para sentar ou caminhar com eles, e oferecer-lhes a nossa energia de plena consciência e de paz. Isso pode ajudar a acalmá-los e a acolher o sofrimento deles, para que eles possam andar, sentar e respirar em plena consciência, e cuidar do bebê chorando dentro deles.

Estar presente para a tristeza do outro

Quando você ama alguém, você quer oferecer àquela pessoa algo que possa fazê-la feliz. De acordo com esta prática, a coisa mais preciosa que você pode oferecer ao seu amado é a sua presença.

Como você poderia amar sem estar presente? Para amar, você tem que estar presente. Estar presente é uma prática. Pode ser que, muitas vezes, o seu corpo esteja presente, mas sua mente esteja em outro lugar. Você está perdido em pensamentos, tristeza, medo; você não está realmente presente para o outro. Então inspire e concentre sua atenção na sua inspiração. Você está trazendo sua mente para o lar do seu corpo e se tornando presente. Estar simplesmente presente é a parte mais importante da prática.

Quando você estiver realmente presente, poderá ir até a pessoa que você ama, olhar em seus olhos e dizer: "Eu estou aqui para você". A sua presença é a coisa mais preciosa que você pode oferecer à pessoa que você ama. Sua presença não é algo que você possa comprar no supermercado.

Sofrimento coletivo, alegria coletiva

Quando as pessoas se unem e produzem a energia da consciência plena, concentração e compaixão, isso dá origem a um tipo saudável de consciência coletiva. Isso é uma coisa boa de ser consumida. Em uma palestra que ofereci na Alemanha, havia mil pessoas ouvindo pacificamente, inclusive quatro jovens mães, que estavam amamentando os seus bebês. Os bebês que estavam consumindo o leite das suas mães estavam consumindo também a energia coletiva da paz.

Quando os ataques do 11 de setembro de 2001 aconteceram, eu estava na Califórnia, prestes a dar uma palestra pública. É claro que toda a nação americana ficou abalada com a notícia. A energia de raiva e medo foi tremenda e eu podia sentir isso. É muito perigoso se permitirmos inconscientemente que esse tipo de energia penetre em nós e nos prejudique. Então, a palestra que dei naquela noite foi sobre como acalmar emoções arrebatadoras. Quando uma comunidade inteira está com medo ou com raiva, sua energia é muito forte e há um desejo de imediatamente retaliar. Mas a ação impulsionada pela energia coletiva da raiva e do medo geralmente não é uma ação correta. Podemos facilmente começar uma guerra devastadora.

Encontrando refúgio num ambiente tóxico

Quando as pessoas à sua volta estão praticando compaixão, elas serão mais sábias e mais felizes, não só individualmente como também enquanto um grupo. Combinando nossas experiências e *insights* leva a um *insight* coletivo que pode ser mais sábio do que a soma de suas partes.

Sem uma comunidade é mais difícil para uma pessoa mudar qualquer coisa. Se você trabalha em um hospital ou clínica, ou em qualquer lugar onde você tem que praticar compaixão com as pessoas em crise diariamente, você sabe que ter colegas que apoiam você nessa prática cria um efeito de cura muito maior. Um bom ambiente permite que as melhores coisas se manifestem em nós. Um ambiente tóxico pode fazer com que nossas piores qualidades sejam extravasadas.

Todo mundo precisa do apoio de uma comunidade consciente. Podemos nos unir para criar um ambiente de cura em qualquer lugar onde estejamos. A nossa família, a nossa sala de aula, e nosso local de trabalho podem todos ser comunidades conscientes. Quando nos reunimos e gostamos de praticar respirando juntos em consciência plena, produzimos uma energia coletiva consciente e compassiva que é saudável e muito poderosa. Em nossas vidas cotidianas, muitos de nós vivemos em ambientes tóxicos de reforçar mutuamente a desconfiança, a competição, a ganância e a inveja. Nós consumimos o nosso ambiente como uma espécie de comida e seus elementos benéficos ou maléficos se infiltram em nós.

Pode ser que você se encontre em um ambiente negativo e não esteja conseguindo sair dele devido às reais necessidades da família ou restrições financeiras. Nesse caso, você pode ser uma força para a mudança positiva. Comece criando o seu próprio porto seguro, mesmo que seja apenas um canto de um quarto ou uma escrivaninha. Há também comunidades saudáveis *online* que você pode participar. Não perca a esperança.

Você pode viver de um modo tal que mostre que a compaixão é possível em qualquer situação. Dê o exemplo, mesmo que seja um pequenino; outras pessoas podem aprender com ele. A melhor maneira de ajudar os outros a diminuir o medo, a ânsia e a violência é mostrando-lhes que há outra maneira. Se o amor se degenerou em ódio, é possível você transformar o lixo daquele ódio numa espécie de adubo que nutre a flor do amor a vicejar novamente.

Ação coletiva

Quando um grupo se reúne e se compromete a praticar juntos a consciência plena – respirando juntos, caminhando juntos, fazendo conjuntamente algum tipo de trabalho benéfico para diminuir o sofrimento no mundo – esta ação coletiva é positiva e pode ser muito poderosa. Na ação coletiva, você pode ver o aspecto individual. Há aqueles que se sentam de maneira diferente da dos outros, há alguns que se concentram com mais facilidade, há outros que precisam de mais apoio. No coletivo podemos ver o individual, e no indivíduo há coletividade. Não há individualidade absoluta; não há coletividade absoluta.

Qualquer coisa que você possa fazer para diminuir o sofrimento em sua comunidade e no mundo é conhecido no budismo como Ação Correta. Quando você vai ao supermercado, você pode escolher se vai ou não vai praticar a ação correta. Há produtos à venda que foram produzidos por crianças que não tiveram a chance de ir à escola. Há mercadorias que foram feitas com materiais que podem ser prejudiciais. Nós somos parte de um todo coletivo, e mesmo essas decisões individuais sobre o que consumir afetam a consciência coletiva.

Lembro-me do dia em que fui com algumas crianças para uma loja de ferragens. Visitamos todos os produtos da loja. Só precisávamos de alguns pregos para um projeto, e fizemos um acordo antes de que não iríamos comprar nenhuma outra coisa. Passamos mais de uma hora na loja, aprendendo sobre a origem e o efeito de cada produto sendo vendido e não comprando coisa alguma, exceto um punhado de pregos. Nós fizemos isso como uma atividade especial de grupo. Você não precisa gastar uma hora toda vez que quiser comprar algo; mas você pode se sentir muito mais feliz quando sabe que as coisas em sua casa não estão infundidas com a dor de crianças trabalhadoras ou de um campo envenenado.

O mundo inteiro é território nosso

Podemos pensar que só somos responsáveis pelo nosso próprio sofrimento e felicidade, mas a nossa felicidade aumenta a felicidade do mundo, e o nosso sofrimento é o sofrimento do mundo. No Vietnã há um conto budista sobre Mara, a personificação da distração, do apego e desespero – o personagem diabólico que Ananda tentou mantê-lo afastado da caverna de Buda.

Diz-se que, antes de Buda iluminar-se, o mundo estava sob o reinado de Mara, e havia muita guerra e violência. As pessoas sofriam muito mesmo. Mas elas se lembravam: "Se Mara existe, Buda existe. Não precisamos nos preocupar. Buda um dia aparecerá".

No dia em que Buda se iluminou, ele estava sentado bem quietinho. Mara disse: "Quem será esse cara sentado tão tranquilamente?" Mara não perturbou Buda; ele simplesmente deixou que Buda permanecesse sentado. Depois de estar sentado em meditação, Buda se levantou e caminhou conscientemente, de uma maneira livre e tranquila. Mara lhe perguntou: "Quem é você? Por que está aqui?"

Buda respondeu: "Eu vejo que esta Terra é um lugar bonito; a paisagem é encantadora. De manhã cedinho é belo. As tardes e as noites são belas. Eu vejo essas maravilhas e isso me deixa tão feliz. Eu não preciso ter quaisquer bens ou riqueza. Não preciso de coisa alguma. Tudo que eu preciso é a oportunidade de sentar em meditação e de ser capaz de andar sobre este belo planeta".

Mara achou que este pedido não era ruim. "Ok, você pode sentar-se tanto quanto quiser, e andar tanto quanto quiser", disse ele.

Poucos dias depois, Buda perguntou: "Eu tenho alguns amigos. Na verdade, eu tenho 1.250 amigos, e todos eles querem sentar em meditação; todos querem andar em plena consciência. Será que poderíamos ter aqui uma área para sentar e caminhar conscientemente e de forma pacífica?" Mara respondeu: "Claro. Se você sentar e andar, tudo bem. Quanto espaço você quer para as práticas de sentar em meditação e andar em meditação?"

Naquela época eles não tinham instrumentos precisos de medição. Buda disse, "Eu tenho três vestes. Se você concordar, tiro o manto de cima e jogo ele pra cima em direção ao céu, o mais alto que eu conseguir. A sombra emitida sobre a Terra pelo manto é a terra que quero ter para sentar, andar e viver conscientemente".

Mara, pensando que o máximo que poderia acontecer seria apenas algumas milhas, disse: "Aprovado". Então Buda enrolou seu manto e o atirou para o alto, em direção ao céu. O manto subiu muito, muito alto. Em seguida, abriu-se; e a sombra do manto cobriu todo o planeta.

A partir de então, Buda e seus alunos andaram por toda a Terra, praticando a compaixão e a plena atenção, e ajudando as pessoas a sofrerem menos. Todos nós temos o direito de fazer o mesmo neste planeta, diminuindo o sofrimento e aumentando a felicidade. Esta terra não é somente o território de Mara, é também o território de Buda.

A arte da felicidade

A essência da nossa prática pode ser descrita como a arte de transformar o sofrimento em felicidade. Essa prática não é complicada, mas exige que cultivemos a atenção, a concentração e o discernimento. Ela requer, acima de tudo, que voltemos para o nosso lar interior, façamos as pazes com o nosso sofrimento, tratando-o com ternura, e examinando profundamente as raízes da nossa dor. Nossa prática pede que deixemos pra lá os sofrimentos inúteis, desnecessários, que deixemos de atirar a segunda flecha, e dê uma olhada minuciosa na nossa ideia de felicidade. Finalmente, ela demanda que a gente nutra a felicidade diariamente, com o reconhecimento, a compreensão e a compaixão por nós mesmos e por todos que nos rodeiam. Nós oferecemos estas práticas a nós mesmos, aos nossos entes queridos, e à comunidade maior. Esta é a arte do sofrimento e a arte da felicidade. A cada respiração, aliviamos o sofrimento e geramos alegria. A cada passo, a flor do discernimento viceja.

Práticas para ser feliz

1

Os dezesseis exercícios de respiração

Estes exercícios foram retirados do Sutra Anapanasati sobre a respiração consciente. Há dezesseis exercícios ao todo. Os quatro primeiros cuidam do nosso corpo. O segundo grupo de quatro exercícios trata dos nossos sentimentos. O terceiro grupo de quatro exercícios está centrado na mente, e o quarto conjunto, focalizado nos objetos da mente.

Embora o primeiro grupo de exercícios seja principalmente para cuidar do corpo e curá-lo, ao praticá-los você também produz simultaneamente prazer, liberdade e alegria mentais, pois o corpo está sempre se manifestando junto com os sentimentos e com a mente.

A mente pode ser descrita como sendo composta de partículas – como gotas d'água de um rio chamado de formações mentais. Cada gota d'água do rio da mente é uma formação mental. Consciência plena, concentração, benignidade, e discernimento todos são formações mentais.

O quarto grupo centra-se nos objetos da mente porque as formações mentais sempre têm seus objetos. Estar com raiva é sempre estar com raiva de alguma coisa. Amar significa amar alguém ou algo.

Exercício de respiração – Grupo 1	Descrição
Inspirando, estou ciente da minha inspiração. *Expirando, estou ciente da minha expiração.*	Este exercício tão simples pode ajudá-lo a tirar da mente os seus pensamentos, as suas preocupações e medo, proporcionando a você muita liberdade.
Inspirando, eu sigo minha inspiração do início ao fim. *Expirando, eu sigo minha expiração do início ao fim.*	Siga sua inspiração e expiração de perto, atento a cada uma delas durante todo o seu percurso, como se estivesse seguindo uma linha com seu dedo. Respirando dessa forma, você, além de estar ciente de sua respiração, está totalmente concentrado nela.
Inspirando, estou ciente do meu corpo como um todo. *Expirando, estou ciente do meu corpo como um todo.*	Este exercício unifica o corpo e a mente. Estamos realmente estabelecidos no aqui e agora, vivendo profundamente a nossa vida neste momento.
Inspirando, eu acalmo meu corpo. *Expirando, eu acalmo meu corpo.*	Este exercício é para liberar a tensão do corpo. Liberar é uma fonte de felicidade.

Exercício de respiração – Grupo 2	Descrição
Inspirando, eu sinto alegria. *Expirando, eu sinto alegria.*	Nós podemos fazer uso da atenção plena para produzir um sentimento de alegria em qualquer lugar, a qualquer hora.
Inspirando, eu me sinto feliz. *Expirando, eu me sinto feliz.*	A consciência plena nos ajuda a reconhecer as muitas condições de felicidade que já dispomos.

Inspirando, eu estou ciente de um sentimento doloroso. *Expirando, eu estou ciente de um sentimento doloroso.*	Quando um sentimento doloroso ou emoção dolorosa se manifesta, devemos estar presentes para cuidar deles. Com plena consciência, nós admitimos, acolhemos e aliviamos a dor.
Inspirando, eu acalmo o meu sentimento doloroso. *Expirando, eu acalmo o meu sentimento.*	Este exercício acalma o corpo e a mente, tornando-os pacíficos. Corpo, mente, sentimentos e respiração tornam-se unos.

Exercício de respiração – Grupo 3	Descrição
Inspirando, estou ciente da minha mente. *Expirando, eu estou ciente da minha mente.*	O rio da mente flui dia e noite. As formações mentais se revezam ao se manifestarem. Nós estamos presentes e as reconhecemos no momento em que elas surgem, ficam por algum tempo e vão embora.
Inspirando, eu alegro minha mente. *Expirando, eu alegro minha mente.*	Nós alegramos a mente, convidando as sementes benéficas a se manifestarem. A paisagem mental torna-se agradável.
Inspirando, eu concentro minha mente. *Expirando, eu concentro minha mente.*	Nós mantemos a consciência do objeto de nossa concentração. Somente a concentração pode nos libertar de noções e trazer a sabedoria.
Inspirando, eu liberto minha mente. *Expirando, eu liberto minha mente.*	Com este exercício, vamos desatar todos os nós mentais. Calmamente, observamos todas as sutilezas da mente, para nos libertar de obstáculos, tais como: a tristeza e a ansiedade sobre o passado e o futuro, e a confusão e o equívoco no presente.

Exercício de respiração – Grupo 4	Descrição
Inspirando, eu observo a natureza impermanente de todos os darmas[1]. *Expirando, eu observo a natureza impermanente de todos os darmas.*	A concentração na impermanência é um caminho profundo e maravilhoso de meditação. É um reconhecimento fundamental da natureza de tudo o que existe. Tudo está numa incessante transformação e todas as coisas são destituídas de um eu independente.
Inspirando, eu observo o desaparecimento do desejo. Expirando, eu observo o desaparecimento do desejo.	Vendo a verdadeira natureza do nosso desejo e dos objetos de desejo, nós sabemos que a felicidade não está em atingir esses objetos ou em nossas esperanças em realizações futuras. Observamos claramente a natureza impermanente de todas as coisas, seus surgimentos e desaparecimento.
Inspirando, eu observo a cessação. Expirando, eu observo a cessação.	Cessação significa a interrupção de todas as noções errôneas e ideias que nos impedem de experimentar diretamente a realidade suprema, e a interrupção do sofrimento que nasce da ignorância. Assim, podemos estar em contato com a natureza maravilhosa e verdadeira, da forma como as coisas são.
Inspirando, eu observo o tirar da mente. Expirando, eu observo o tirar da mente.	Este exercício nos ajuda a contemplar profundamente para tirar da mente o desejo e apego, medo e raiva. Nós não tiramos a realidade da mente. Nós tiramos da mente as nossas percepções erradas sobre a realidade. Quanto mais deixamos pra lá, tanto mais felizes nos tornamos.

---

1. Diferentemente de "Darma" com "D" maiúsculo, que na maioria dos textos budistas se refere ao corpo dos ensinamentos de Buda, o "darma", com o "d" minúsculo, neste contexto, significa todo e qualquer fenômeno [N.T.].

O primeiro grupo de quatro exercícios

O primeiro exercício é consciência plena da nossa respiração. *"Inspirando, estou ciente da minha inspiração. Expirando, estou ciente da minha expiração"*. Trazendo nossa consciência para a nossa respiração, paramos todo o pensamento e focamos somente em nossa inspiração e expiração.

O segundo exercício é *"Inspirando, eu sigo minha inspiração do início ao fim. Expirando, eu sigo minha expiração do início ao fim"*. Este exercício focaliza e concentra a mente. Nós seguimos nossa inspiração e expiração do início ao fim sem interrupção.

O terceiro exercício é *"Inspirando, estou ciente do meu corpo como um todo. Expirando, estou ciente do meu corpo como um todo"*. Com este exercício lembramos que temos um corpo e trazemos a nossa consciência para o nosso corpo, reunindo corpo e mente. Enquanto inspira e expira, tornando-se consciente do seu corpo, você pode notar tensão e dor nele. Você permitiu que a tensão e o estresse se acumulassem no seu corpo, e esse pode ser o ponto de partida para inúmeras doenças. Por isso você está motivado a soltar essas tensões; isso é aplicado mais adiante no quarto exercício da respiração consciente: *"Inspirando, eu libero a tensão no meu corpo. Expirando, eu libero a tensão no meu corpo"*, ou: *"Inspirando, eu acalmo meu corpo. Expirando, eu acalmo meu corpo"*. Podemos precisar de algum discernimento que possa nos ajudar a soltar a tensão e acalmar o corpo.

O segundo conjunto de quatro exercícios

Com o quinto exercício você vai do reino do corpo ao reino do sentimento e gera alegria. *"Inspirando, eu sinto alegria. Expirando, eu sinto alegria"*. Um praticante da consciência plena é capaz de gerar alegria e felicidade. Não é tão difícil. Há uma pequena diferença entre alegria e felicidade. Alegria ainda tem algum elemento de excitação ou antecipação nela. Em felicidade, há tranquilidade e liberdade.

Os franceses têm uma música que eles gostam de cantar, "Qu'est-ce qu'on attend despeje heureux être?" (O que você está esperando para ser feliz?) Você pode ser feliz aqui mesmo e agora mesmo. Quando você traz sua mente para casa do seu corpo, você se estabelece no momento presente, e torna-se consciente das muitas maravilhas da vida que existem, dentro e em torno de você. Com tantas condições de felicidade disponíveis, você pode facilmente criar um sentimento de alegria, um sentimento de felicidade. Cada exercício faz com que o próximo seja possível.

Então, o quinto e o sexto exercícios representam a arte da felicidade: como gerar alegria e felicidade em benefício do seu prazer e da sua cura. Os próximos dois exercícios são para reconhecer e cuidar da dor que está lá.

O sétimo é *"Inspirando, estou ciente do sentimento doloroso em mim"*. Quando um sentimento doloroso surge, o praticante sabe como usar a consciência plena para lidar com isso. Você não permite que o sentimento doloroso lhe oprima ou lhe leve a reagir de uma forma que cria sofrimento para você mesmo e para os outros.

"Inspirando, eu estou ciente do sentimento de dor em mim. Expirando, eu estou ciente do sentimento de dor em mim". Isto é uma arte. Nós temos que aprendê-la, porque a maioria de nós não gosta de estar com a nossa dor. Temos medo de ser dominado pela dor, por isso procuramos sempre fugir dela. Há solidão, medo, raiva e desespero em nós. A maioria das vezes nós tentamos encobri-los, consumindo. Alguns de nós vão procurar algo para comer. Outros ligam a televisão. Na verdade, muita gente faz as duas coisas ao mesmo tempo. E mesmo que o programa

de TV não seja interessante de forma nenhuma, não temos a coragem de desligá-lo, porque se desligarmos, teremos que voltar para nós mesmos e nos encontrar com a dor que está lá dentro. O mercado nos fornece muitos produtos para nos ajudar em nosso esforço de evitar o sofrimento interior.

De acordo com esse ensinamento e prática, nós fazemos o contrário: vamos para nossa casa interior e cuidamos da dor. A maneira de ir para casa sem medo de ser esmagado pela dor é através das práticas de andar e respirar conscientemente que geram a energia da consciência plena. Fortalecidos com essa energia, nós reconhecemos o sentimento interno de dor e o acolhemos com ternura. Nós acalentamos o bebê chorão. Assim como o terceiro exercício é "ciente do corpo" e o quarto é "acalmando o corpo", o sétimo exercício é para estar ciente do sentimento doloroso e o oitavo é para acolher, acalmar e aliviar a dor. Todos os oito primeiros exercícios são simples e suficientemente fáceis de ser praticados na vida cotidiana.

O terceiro conjunto de quatro exercícios

O nono exercício é *"Inspirando, estou ciente (das atividades) da minha mente. Expirando, estou ciente (das atividades) da minha mente"*. Nós continuamos respirando conscientemente e reconhecemos as formações mentais quando elas surgem. E podemos chamá-las pelos seus verdadeiros nomes, tais como: "raiva" ou "alegria".

O décimo é para alegrar a mente – entrar em contato com as sementes saudáveis que estão lá dentro do solo da nossa mente e aguá-las, para que elas possam se manifestar como formações mentais ou zonas de energia que nos tornam felizes. Nós fazemos isso em nosso próprio benefício e para o benefício das pessoas que amamos.

O décimo primeiro exercício é para "concentrar nossa mente". E o décimo segundo é para "libertar a mente". A concentração, *samadhi* em sânscrito, é uma força poderosa que você pode gerar para avançar, ver claramente o que existe e compreender sua verdadeira natureza. O objeto de concentração pode ser um seixo, uma folha, uma nuvem ou pode ser sua raiva ou medo. Qualquer coisa pode ser o objeto da sua concentração. Eu acredito que os cientistas também praticam concentração. Para realizar uma compreensão mais profunda de algo, eles têm que se concentrar totalmente naquilo. Mas a prática da concentração, da forma como usamos o termo aqui, tem o objetivo e propósito bem específicos de transformar as aflições dentro de nós – o medo, a raiva, a ilusão, para que possamos ser livres.

O último conjunto de quatro exercícios

O décimo terceiro exercício é a concentração na impermanência. Com a clara compreensão da impermanência, nós compreendemos a natureza interdependente e destituída de *self* de tudo o que existe – de que nada tem um eu independente e separado.

Com o décimo quarto exercício nós reconhecemos a verdadeira natureza do desejo e vemos que tudo está no processo de vir a ser e desintegrando-se. Com este discernimento, nós não nos agarramos a qualquer objeto de desejo ou vemos qualquer fenômeno como uma entidade separada imutável.

Com o décimo quinto exercício, nós examinamos a natureza das nossas ideias e noções e as largamos. Quando deixamos de nos agarrar a noções, nós experimentamos a liberdade e a alegria que vem da cessação da ilusão.

O décimo sexto exercício nos ajuda a esclarecer mais o desejo e apego, medo e ansiedade, ódio e raiva, e a abandoná-los. Temos a tendência de pensar que se abrirmos mão deles, perderemos as coisas que nos deixam felizes. Mas a verdade é o oposto disso. Quanto mais deixarmos pra lá, tanto o mais felizes nos tornamos. Deixar pra lá não significa deixar tudo pra lá. Nós não deixamos a realidade pra lá. Mas deixamos pra lá nossas ideias equivocadas sobre a realidade.

2

Os seis mantras

Os seis mantras são formas de expressar amor e compaixão. Eles podem ser muito efetivos na transformação do sofrimento e para criar felicidade no relacionamento com alguém querido, seja um amigo ou colega. As crianças também podem praticá-los. Pode ser que você queira começar praticando primeiro os seis mantras consigo mesmo, porque você só consegue amar e compreender o outro depois de ter praticado amor e compreensão consigo mesmo.

Um mantra é uma fórmula mágica. Toda vez que você pronuncia um mantra você pode transformar a situação imediatamente; você não precisa esperar. Aprenda-o para que possa recitá-lo quando o momento for apropriado. O que torna um mantra efetivo é a sua consciência plena e concentração. Se você não estiver concentrado e consciente no momento em que recita o mantra, ele não vai funcionar. Todos nós somos capazes de estarmos conscientes e concentrados.

Mantra	Descrição
Eu estou aqui para você.	Este mantra é uma prática, não uma declaração. Amar alguém significa estar presente para aquela pessoa. Mas primeiro você tem que estar presente para si mesmo. A prática é produzir sua verdadeira presença.
Eu sei que você está aí, isso me deixa muito feliz.	Este mantra é para reconhecer a presença da pessoa que você ama e dizer que está muito feliz com o fato de ele ou ela ainda estar vivo(a) e disponível para você. Todo mundo quer ser abraçado pela atenção consciente de alguém que ama. Este mantra fará a outra pessoa feliz imediatamente.
Eu sei que você está sofrendo, por isso estou aqui a seu dispor.	Este mantra é para ser praticado quando você compreende que a outra pessoa está sofrendo. Se você ama alguém, você precisa saber o que está acontecendo com a pessoa que você ama. Se você estiver presente para aquela pessoa, você perceberá quando ele ou ela estará sofrendo.
Estou sofrendo. Por favor me ajude.	Este mantra é para ser praticado quando você mesmo está sofrendo e acredita que a outra pessoa lhe causou sofrimento. Vá até aquela pessoa com consciência plena e concentração e diga o mantra. Isso será um pouco difícil porque você está magoado. É preciso um pouco de treino, mas você consegue fazer isso.
Este é um momento feliz.	O quinto mantra é para nos lembrarmos de como somos afortunados e que temos tantas condições de felicidade disponíveis no aqui e agora.
Em parte, você está certo.	Este mantra é para nos lembrar que enquanto seres humanos nós temos ambos: o positivo e o negativo. Nossas cabeças não devem se virar por orgulho nem devem se desesperar quando somos criticados.

O primeiro mantra

O primeiro mantra *"Eu estou aqui para você"* não é difícil de ser praticado. Amar alguém significa estar presente para ele ou para ela. Isso é uma arte e uma prática. Se você não tem atenção e concentração suficientes, você não consegue estar cem por cento presente para você e para a outra pessoa. Com a prática de respirar conscientemente, andar conscientemente, sentar conscientemente, você pode trazer sua atenção mental para o seu corpo e se estabelecer inteiramente no aqui e agora, restaurando sua verdadeira presença. Quando você ama alguém, você tem que oferecer àquela pessoa o melhor de si. A melhor coisa que nós podemos oferecer aos outros é a nossa verdadeira presença.

Antes de poder estar presente para outra pessoa, você tem que estar presente para si mesmo. Então nós praticamos este mantra primeiro conosco. *"Estou aqui para você"* significa também que estou aqui para mim mesmo(a). A mente volta para a casa do corpo e nos tornamos conscientes de que temos um corpo. Isto é algo que esquecemos, especialmente quando estamos absorvidos em nosso trabalho.

A prática de inspirar e expirar e trazer a mente de volta para a casa do seu corpo pode ser muito prazerosa. Você curte sua inspiração, seu corpo e sua mente. Isso já pode repercutir na outra pessoa. Aquela pessoa pode estar perdida em pensamento ou preocupações sobre o passado ou o futuro. Quando você está verdadeiramente presente e produz o mantra de forma convincente, você ajuda a outra pessoa a retornar para dentro de si e a ficar presente no aqui e agora.

A primeira definição do amor é estar presente. Isto é uma prática. Como você pode amar se não estiver presente? Para amar você tem que estar presente, corpo e mente unidos. Um amante verdadeiro sabe que a prática da plena consciência é o alicerce do verdadeiro amor.

O segundo mantra

O segundo mantra também é muito poderoso e pode gerar felicidade para vocês dois ao mesmo tempo. "Querido(a), eu sei que você está aí, e estou muito feliz". Você já produziu a sua verdadeira presença, e então está em condições de reconhecer a presença da outra pessoa, de alguém que é muito precioso para você. Quando você diz "Querido(a), eu sei que você está aí", você também está dizendo "Sua presença é muito importante e é crucial para minha felicidade".

Você só pode dar o segundo passo se tiver dado o primeiro. O primeiro passo é o primeiro mantra: "Eu estou aqui. Eu reconheço minha presença. Eu ofereço minha presença para você, querido(a)". Este é o melhor presente que um amante pode fazer para a pessoa amada. Nada é mais precioso do que sua presença. Você pode comprar coisas no supermercado. Não importa os preços altos das coisas que você comprou para aquela pessoa; nada é mais precioso do que sua presença. Com plena consciência você pode fazer com que sua presença seja mais revigorante, mais agradável, mais amorosa, e você pode oferecer esta presença maravilhosa à pessoa que você ama e criar felicidade para vocês duas.

O terceiro mantra

O terceiro mantra é necessário quando você percebe que a outra pessoa está sofrendo. O terceiro mantra pode ajudá-la a sofrer menos imediatamente. Primeiro você faz as práticas de respirar, sentar ou andar e restaura sua presença. Depois você está pronto para ir até ele ou ela e dizer: *"Querido(a), eu sei que você está sofrendo. Por isso que estou aqui para você"*. Isso é amor verdadeiro. O amor verdadeiro é feito de consciência plena. Porque você está plenamente consciente, sabe que algo não está indo bem com o outro. Se for capaz de notar isso, então você pode fazer algo para ajudar: *"Querido(a), eu sei que você está sofrendo. Por isso que estou aqui para você"*. Antes mesmo de você ter tido a chance de fazer algo, ele já estará sofrendo menos.

Quando você sofre e a pessoa que você ama ignora o seu sofrimento, então você sofre ainda mais. Mas se a outra pessoa estiver consciente do seu sofrimento e lhe oferece a presença dela durante estes momentos difíceis, você sofre menos imediatamente. Não leva muito tempo para que haja algum alívio. Este é um mantra que você pode usar em seus relacionamentos quando a outra pessoa estiver sofrendo.

O quarto mantra

O quarto mantra é um pouco mais difícil, especialmente quando você é muito orgulhoso(a). O quarto mantra é para quando você está sofrendo e acredita que a outra pessoa lhe causou sofrimento. Isso acontece de vez em quando. Se tivesse sido alguém diferente que tivesse dito ou feito aquilo com você, você estaria sofrendo menos. Mas foi a pessoa que você mais ama quem disse ou fez aquilo. E, por isso, você sofre profundamente. Pode ser que você tenha o impulso de puni-la, pois ela teve a ousadia de lhe fazer sofrer.

Quando sofremos pensamos que foi outra pessoa quem nos causou sofrimento. "Ela não me ama. Então porque tenho que amá-la?" Nossa tendência natural é a de querer punir a outra pessoa. E a maneira que fazemos isso é demonstrando ao outro que "eu posso sobreviver muito bem sem você". Esta é uma forma indireta de dizer "Eu não preciso de você". Mas isso não é amor verdadeiro. Muitos de nós cometemos este erro. Eu também já cometi este erro.

Mas nós aprendemos. Na realidade, quando sofremos nós precisamos sim da outra pessoa. Este foi o compromisso que assumimos no início do nosso relacionamento. Você tem que ser verdadeiro e fiel àquele compromisso. Quando você sofre, deveria dizer a ela que você sofre e que você precisa da ajuda dela. Mas temos a tendência de fazer o oposto. Queremos demonstrar a ela que nós não precisamos dela. Preferimos nos trancar no quarto e chorar ao invés de pedir ajuda. Há orgulho em você. Mas no amor, não há lugar para o orgulho. É por isso que nós precisamos do quarto mantra: *"Querido(a), eu estou sofrendo. Por favor me ajude"*.

É tão simples, no entanto é tão difícil. Mas se você se prontificar a pronunciar o mantra, sofrerá menos imediatamente. Eu lhe garanto.

Se a outra pessoa percebe que algo está errado e lhe pergunta: "Querido(a), você está sofrendo?" e tenta lhe confortar, pode ser que você tenha o impulso de responder: "Sofrendo? Por que eu deveria estar sofrendo?" Mas isso não é verdade, você está sofrendo profundamente. Se ela tentar chegar perto e colocar a mão dela no seu ombro, pode ser que você queira dizer: "Deixe-me em paz". Muitos de nós cometemos este tipo de erro.

A prática do quarto mantra é o oposto. Você tem que reconhecer que você está sofrendo: "Querida, estou sofrendo, eu quero que você saiba disso. Por favor me ajude". De fato, a fórmula é um pouco mais longa: "Querida, estou sofrendo. Eu não compreendo porque você disse aquilo comigo. Eu não compreendo porque você fez aquilo comigo. Estou sofrendo. Por favor, me explique. Preciso da sua ajuda". Isso é amor verdadeiro. Mas se você disser: "Eu não estou sofrendo, eu não preciso de sua ajuda" isso não é amor verdadeiro.

Por favor, escreva o mantra num pedaço de papel do tamanho de um cartão de crédito e guarde-o na sua carteira. Da próxima vez que você estiver sofrendo e estiver acreditando que ele ou ela provocou o seu sofrimento, lembre-se de tirá-lo de lá e lê-lo, e você saberá exatamente o que fazer.

De acordo com esta prática, você tem o direito de sofrer por vinte e quatro horas, mas não mais que isso. Este é o tempo máximo. Então você tem que praticar o quarto mantra. Se você não consegue ir até a pessoa, você pode usar o seu telefone celular, o seu computador, ou pode escrever numa folha de papel e colocá--la na escrivaninha dela ou em algum outro lugar onde ela possa ver. Tenho certeza que quando você for capaz de se compor para escrever, você já estará sofrendo menos.

O mantra pode ser dividido em três partes. A primeira parte é "Querido, estou sofrendo e quero que você saiba disso". Isso significa compartilhar; você compartilha sua felicidade e o seu sofrimento. "Por favor explique-me por que você vez isso comigo, por que você disse aquilo pra mim. Estou sofrendo".

A segunda parte é "Estou fazendo o melhor que posso". Isso significa que sou um praticante da consciência plena, de modo que quando fico com raiva eu não digo ou faço qualquer coisa que possa causar danos a mim mesma e a você. Estou praticando a respiração consciente, o andar consciente e contemplando profundamente o meu sofrimento, para descobrir as raízes dele. Eu acredito que você me causou sofrimento. Mas como sou um(a) praticante, eu sei que não deveria estar tão certo(a) disso. Estou procurando compreender se o meu sofrimento veio de uma percepção errada da minha parte. Talvez você não teve a intenção de dizer ou fazer aquilo. Como sou um(a) praticante, estou agora dando o melhor de mim para praticar a contemplação profunda para reconhecer minha raiva e acolhê-la com ternura.

"Estou fazendo o melhor que posso" é um tipo de lembrete, e é também um convite para a outra pessoa fazer o mesmo. Quando ela receber a mensagem, poderá pensar: "Oh, eu não sabia que ele estava sofrendo. O que foi que eu fiz, o que foi que eu disse para ele sofrer desse jeito?" Então vocês dois vão praticar contemplando profundamente, e se algum de vocês descobrir a causa, essa pessoa deve comunicar imediatamente e pedir desculpas pela sua inabilidade, para que o outro não tenha que continuar sofrendo. A segunda frase convida as duas pessoas a estarem conscientes do que está acontecendo, e olhar profundamente para ver qual é a verdadeira causa do sofrimento.

A terceira frase é "Por favor, me ajude". Esta parte pode ser um pouco difícil, mas é muito importante; requer coragem. Quando amamos um ao outro, precisamos um do outro especialmente quando estamos sofrendo. O seu sofrimento é o sofrimento dela. A felicidade dela é sua felicidade. Contemplando profundamente a situação, podemos ter uma sacada sobre como reconciliar e restabelecer a harmonia entre nós.

As três frase são: "Estou sofrendo e quero que você saiba. Estou dando o melhor de mim. Por favor, me ajude". Quando você pegar o papel da sua carteira e ler isso, vai se lembrar exatamente do que precisa fazer.

O quinto mantra

O quinto mantra é "Este é um momento feliz". Isso não é uma autossugestão ou criação ilusória de fatos que desejaríamos que fossem realidade. Há muitas condições de felicidade para nós desfrutarmos se estivermos suficientemente atentos para estarmos conscientes delas. Este mantra é para nos lembrar que somos muito sortudos de ter tantas condições de felicidade disponíveis no aqui e agora. Quando estiver sentado com ele, ou caminhando com ela, pode ser que você queira pronunciar o quinto mantra, para lembrar como somos sortudos de ter tantas condições de felicidade. Se não as desfrutarmos, não somos inteligentes de forma alguma. Reconhecer que esse é um momento feliz depende da sua consciência plena. Somente a consciência plena pode lhe ajudar a tocar as inúmeras condições de felicidade que estão disponíveis no aqui e agora. Existem condições mais do que suficientes para eu e você estarmos felizes. Então, enquanto sentamos juntos, enquanto andamos juntos, e temos a oportunidade de estarmos juntos por algum tempo, inspire com atenção plena e esteja consciente do quanto você é sortudo. É a atenção plena que torna este momento presente em um momento maravilhoso, em um momento feliz. O praticante é um artista, e sabe trazer felicidade ao aqui e agora com sua prática.

O sexto mantra

O sexto mantra é perfeito para lidar com o sofrimento que vem dos complexos de pensar que somos iguais, piores ou melhores do que a outra pessoa.

Quando alguém lhe parabenizar ou lhe criticar, você pode usar o sexto mantra: "Querida, em parte, você está certa". Isso significa que "suas críticas ou elogios estão certos somente em parte, porque eu tenho pontos fortes e fracos em mim. Se você me parabeniza, eu não devo me perder e ignorar as coisas negativas em mim".

Quando vemos algo belo em outra pessoa, temos a tendência de ignorar as coisas que não são tão belas. Enquanto seres humanos, nós temos tanto qualidades negativas como positivas. Então quando o seu amado lhe congratular, dizendo que você é a própria imagem da perfeição, você pode dizer: "Querido, isso é parcialmente correto. Você sabe que existem outros aspectos em mim também". Você retém sua humildade. Você não é uma vítima da autodelusão, porque você sabe que não é perfeito.

Quando a outra pessoa lhe critica, você ou diz que não tem coisa alguma para oferecer, que você não tem valor, ou você pode dizer a mesma coisa: "Querido, você está parcialmente correto, pois eu também tenho coisas boas em mim".

3

Presente com as emoções arrebatadoras

Quando uma emoção dolorosa surgir, pare o que estiver fazendo e cuide dela. Preste atenção ao que estiver acontecendo. A prática é simples. Deite-se, coloque a mão sobre sua barriga e comece a respirar. Ou você pode se sentar numa almofada ou numa cadeira. Pare de pensar e traga sua atenção ao nível do umbigo.

Quando você vê uma árvore numa tempestade, se focar a atenção no topo da árvore, você verá as folhas e os galhos voando descontroladamente ao vento, e a árvore vai parecer tão vulnerável, como se pudesse se partir a qualquer momento. Mas quando você observa a parte baixa do tronco da árvore, não há tanto movimento. Você vê a estabilidade da árvore, e vê que a árvore está profundamente enraizada no solo e pode resistir à tempestade. Quando experimentamos uma emoção arrebatadora, a mente está agitada como o topo da árvore. Nós temos que trazer nossa mente para a parte baixa do tronco, no abdômen, e focar toda a nossa atenção no abdômen subindo e descendo.

Inspirando, perceba o seu abdômen subindo. Expirando, observe o seu abdômen descendo. Respire profundamente e foque sua atenção apenas na sua inspiração e expiração. Se existe algo para estar ciente é de que uma emoção é apenas uma emoção, e que você é muito mais do que uma emoção. Você é corpo, sentimentos, percepções, formações mentais e consciência. O território do seu ser é grande. Uma emoção é muito pequena.

Uma emoção é algo que vem e permanece por algum tempo e, eventualmente, vai embora. Se durante o tempo da emoção, você tiver esse discernimento, esse discernimento te salvará. Você não precisa morrer somente por causa de uma emoção.

Não devemos esperar até que a emoção arrebatadora chegue para começar a aprender isso. Assim poderá ser tarde demais. A emoção pode lhe arrastar pra longe. Mas você pode aprender agora. Então, se depois de amanhã você tiver uma forte emoção, você vai ter a confiança de poder lidar com ela.

4

Convidando o sino, convidando a felicidade

Convidar o sino a soar significa convidar a felicidade a entrar em nossos corpos e a criar raízes neles. Toda vez que ouvimos o som do sino, temos a oportunidade de praticar a respiração consciente, acalmar o nosso corpo e perceber a nossa felicidade. Podemos convidar todas as células do nosso corpo a participarem conosco da escuta do sino, permitindo que o seu som nos permeie. Ouvindo profundamente, sabemos que os nossos antecessores estão totalmente presentes em cada célula do nosso corpo. Ouvimos de tal forma que, ao mesmo tempo, todos os nossos ancestrais estão ouvindo. Se pudermos estar tranquilos e alegres enquanto ouvimos, todos os nossos ancestrais também vão experimentar a paz e a alegria simultaneamente. É possível convidar todos os nossos antecessores a se juntarem a nós enquanto ouvimos o sino.

5

Metta

A meditação *metta* é uma prática onde, através da contemplação profunda, nós cultivamos a compreensão, o amor e a compaixão; primeiro por nós mesmos e depois pelos outros. Quando nos amamos e cuidamos de nós mesmos, conseguimos ajudar melhor os outros. A meditação *metta* pode ser praticada em parte ou na íntegra. Recitar somente um verso da meditação *metta* já irá levar, ao mundo, mais compaixão e cura.

Amar significa, antes de tudo, nos aceitar como realmente somos. É por isso que nessa meditação de amor, "conhecer a si mesmo" é a primeira prática de amor. Quando praticamos isso, vemos as condições causais que nos fizeram ser como somos. Isso nos ajuda a aceitar nós mesmos, inclusive o nosso sofrimento e felicidade simultaneamente.

Metta, em Pali, significa benevolência. Começamos a cultivar essa benevolência com uma aspiração: "Que eu seja..." Depois, transcendemos o nível da aspiração e examinamos profundamente todas as características positivas e negativas do objeto da nossa meditação, que neste caso somos nós mesmos. A disposição de amar ainda não é amor. Nós contemplamos profundamente, com todo o nosso ser, a fim de compreender. Nós não repetimos as palavras apenas, ou imitamos os outros, ou nos esforçamos para atingir algum ideal. A prática de meditar em amor não é uma autossugestão. Nós não dizemos simplesmente: "Eu me amo. Eu amo todos os seres". Nós contemplamos profundamente o nosso corpo, os nossos sentimentos, as nossas percepções, as nossas formações mentais e a nossa consciência, e, em apenas algumas semanas, a nossa aspiração de amar vai se tornar uma intenção profunda. O amor entrará em nossos pensamentos, em nossas palavras e em nossas ações, e vamos perceber que nós nos tornamos "com o corpo e o espírito tranquilos, felizes, e leves"; "seguros e livres de injúrias; e livre da raiva, das aflições, do medo e da ansiedade".

Quando praticamos, nós observamos o quanto de paz, de felicidade e leveza nós já temos. Nós observamos se estamos aflitos com relação a acidentes ou infortúnios e o quanto de raiva, irritação, medo, ansiedade ou preocupação já existem em nós. À medida que nos tornamos conscientes dos sentimentos manifestos em nós, nossa autocompreensão vai se aprofundar. Compreenderemos como é que os nossos medos e falta de paz contribuem para nossa infelicidade, e veremos o valor de nos amar e de cultivar um coração compassivo.

Nessa meditação no amor, "a raiva, as aflições, o medo e a ansiedade" se referem a todos os estados mentais negativos que habitam em nós e nos roubam a nossa paz e felicidade. A raiva, o medo, a angústia, a ânsia, a ambição e a ignorância são as principais aflições do nosso tempo. Ao adotarmos um estilo de vida consciente, somos capazes de lidar com estas aflições, e o nosso amor se transforma em ação efetiva.

Essa meditação no amor foi adaptada de *Visuddhimagga* (O caminho da purificação), escrito por Buddhaghosa, uma sistematização dos ensinamentos de Buda datada do século V, d.C.

Para praticar essa meditação no amor, sente-se quieto, acalme o seu corpo e sua respiração, e recite a meditação *Metta* para si mesmo. A postura sentada é maravilhosa para praticá-la. Tranquilamente sentado(a), você não está muito preocupado(a) com outros assuntos, então você pode observar profundamente como você é, cultivar o seu amor-próprio e escolher as melhores maneiras de expressar esse amor no mundo.

> *Que eu viva em paz, feliz, com o corpo e espírito leves.*
>
> *Que ela viva em paz, feliz, com o corpo e espírito leves.*
>
> *Que ele viva em paz, feliz, com o corpo e espírito leves.*
>
> *Que eles e elas vivam em paz, felizes, com o corpo e espírito leves.*
>
> *Que eu viva livre de perigos e injúrias.*
>
> *Que ela viva livre de perigos e injúrias.*
>
> *Que ele viva livre de perigos e injúrias.*
>
> *Que eles e elas vivam livres de perigos e injúrias.*
>
> *Que eu viva livre de raiva, aflições, medo e ansiedade.*
>
> *Que ela viva livre de raiva, aflições, medo e ansiedade.*
>
> *Que ele viva livre de raiva, aflições, medo e ansiedade.*
>
> *Que eles e elas vivam livres de raiva, aflições, medo e ansiedade.*

Comece esta prática meditando no amor por si mesmo ("eu"). Até que você seja capaz de amar e cuidar de si mesmo, não conseguirá muito ajudar os outros. Em seguida, pratique esta meditação com relação aos outros ("ela-ele", "elas-eles") – primeiro escolha alguém que você gosta, depois alguém neutro para você, e finalmente alguém cujo simples pensamento lhe faz sofrer.

De acordo com Buda, um ser humano é composto de cinco elementos, chamados de *skandhas*, em sânscrito. São eles: a forma (que significa o corpo), os sentimentos, as percepções, as formações mentais e a consciência. De certo modo você é o inspetor e estes elementos são o seu território. Para saber sobre a sua real situação interna, você tem que conhecer o seu próprio território, inclusive os elementos que estão brigando entre si dentro de você. Para fazer com que a harmonia, a reconciliação e a cura interior surjam, você tem que compreender-se. Examinar e ouvir profundamente, inspecionando o seu próprio território, é o início da meditação no amor.

Inicie essa prática contemplando profundamente o seu corpo. Questione: Como o meu corpo está neste momento? Como o meu corpo era no passado? Como o meu corpo será no futuro? Depois, quando meditar em alguém que você gosta, alguém neutro para você, alguém que você ama e alguém que você odeia, você também começará a observar os aspectos físicos daquelas pessoas. Inspirando e expirando, visualize o rosto dela, sua maneira de andar, de sentar e conversar; o seu coração, pulmões, rins e todos os órgãos do seu corpo, passando o tempo que for necessário para trazer estes detalhes à sua consciência. Mas sempre comece consigo mesmo. Quando você vê claramente os seus próprios cinco skhandas, a compreensão e o amor surgem naturalmente, e você sabe o que fazer e o que não fazer para cuidar de si mesmo.

Inspecione minuciosamente o seu corpo para ver se ele está em paz ou está sofrendo de alguma doença. Olhe as condições dos seus pulmões, do seu coração, dos seus intestinos, dos seus rins, e do seu fígado para ver quais são as reais necessidades do seu corpo. Quando fizer isso, você vai se alimentar, beber e agir de formas que demonstram amor e compaixão pelo seu corpo. Normalmente você segue hábitos arraigados, mas quando se examina profundamente, compreende que muitos desses hábitos prejudicam o seu corpo e a sua mente. Então você se esforça para transformá-los de maneiras conducentes à saúde e à vitalidade.

Depois, observe os seus sentimentos – se eles são agradáveis, desagradáveis ou neutros. Os sentimentos fluem como um rio dentro de nós, e cada sentimento é uma gota d'água naquele rio. Examine o rio dos seus sentimentos e compreenda como foi que cada sentimento surgiu. Compreenda o que esteve lhe impedindo de ser feliz, e dê o melhor de si para transformar essas coisas. Pratique entrando em contato com os elementos maravilhosos, revigorantes e curadores que já existem em você e no mundo. Ao fazer isso, você se torna mais forte e mais capaz de amar você mesmo e os outros.

Então, medite em suas percepções. Como Buda comentou: "A pessoa que mais sofre nesse mundo é aquela que tem muitas percepções distorcidas, e a maioria das nossas percepções são errôneas". Você vê uma cobra no escuro e entra em pânico, mas quando o seu amigo ilumina aquilo, você vê que é apenas uma corda. Você precisa saber quais são as percepções distorcidas que estão lhe fazendo sofrer. Por favor, escreva esta frase numa folha de papel, de uma forma bem bonita: "Você tem certeza?", depois pregue-a na sua parede com uma fita adesiva. Meditar em amor lhe ajuda a aprender a olhar com clareza e serenidade, a fim de melhorar a maneira como você percebe.

Em seguida, observe as suas formações mentais, isto é, as ideias e tendências suas que lhe levam a agir da maneira como você age. Examine minuciosamente para descobrir a verdadeira natureza das suas formações mentais – como você está sendo influenciado pela sua consciência individual e também pela consciência coletiva da sua família, ancestrais e sociedade. As formações mentais doentias causam muita perturbação; as formações mentais saudáveis fazem surgir amor, felicidade e libertação.

Finalmente, olhe para sua consciência. Segundo o budismo, a consciência é como um campo que contém todos os tipos possíveis de sementes: as sementes de raiva, medo e ansiedade; e as sementes de consciência plena. A consciência é como um armazém que guarda todas essas sementes, todas as possibilidades de qualquer coisa que pode surgir em sua mente. Quando sua mente não está em paz, pode ser que seja por causa dos desejos e sentimentos em sua consciência armazenadora. Para viver em paz, você tem que estar consciente das suas tendências – as suas energias habituais – para que assim você possa exercer o autocontrole. Essa é a prática de cuidar da saúde de modo preventivo. Olhe profundamente a natureza dos seus sentimentos e encontre as raízes deles, para identificar quais sentimentos precisam ser transformados, e nutrir aqueles sentimentos que fazem brotar a paz, a alegria e o bem-estar.

Você pode prosseguir afirmando as seguintes aspirações, primeiro para si mesmo e depois para os outros:

> *Que eu aprenda a me ver, com olhos de compreensão e amor.*
>
> *Que eu aprenda a vê-la, com olhos de compreensão e amor.*
>
> *Que eu aprenda a vê-lo, com olhos de compreensão e amor.*
>
> *Que eu aprenda a vê-las e vê-los com olhos de compreensão e amor.*
>
> *Que eu seja capaz de reconhecer e tocar as sementes de alegria e felicidade em mim.*
>
> *Que eu seja capaz de reconhecer e tocar as sementes de alegria e felicidade nela.*
>
> *Que eu seja capaz de reconhecer e tocar as sementes de alegria e felicidade nele.*
>
> *Que eu seja capaz de reconhecer e tocar as sementes de alegria e felicidade neles e nelas.*

*Que eu aprenda a identificar e compreender
as causas da raiva, ânsia e delusão em
mim.*

*Que eu aprenda a identificar e compreender
as causas da raiva, ânsia e delusão nela.*

*Que eu aprenda a identificar e compreender
as causas da raiva, ânsia e delusão nele.*

*Que eu aprenda a identificar e compreender
as causas da raiva, ânsia e delusão nelas
e neles.*

"Que eu aprenda a me ver, com olhos de compreensão e amor". Uma vez, em Plum Village, quando praticávamos esta meditação no amor, uma jovem senhora laica me disse: "Quando eu meditei no meu namorado achei que comecei a gostar menos dele. E quando meditei na pessoa que eu mais desgostava, de repente, comecei a ter raiva de mim". Antes da meditação, o amor daquela jovem pelo namorado era tão apaixonado que ela era incapaz de ver os defeitos dele. Durante sua prática, ela começou a vê-lo mais claramente e compreendeu que ele era menos perfeito do que ela imaginava. Ela começou a amá-lo de um modo mais compreensivo, e que era portanto mais profundo e saudável.

Ela também teve novas sacadas sobre a pessoa que ela mais desgostava. Ela compreendeu algumas das razões dele ser daquele jeito, e viu como ela tinha causado sofrimento a ele, ao reagir com grosseria.

Mais uma vez nós começamos conosco para compreender nossa própria e verdadeira natureza. Se continuarmos nos rejeitando e causando danos ao nosso próprio corpo e mente, não fará sentido falar em amar e aceitar os outros. Com consciência plena seremos capazes de reconhecer nossas formas habituais de pensar e os conteúdos dos nossos pensamentos. Nós brilhamos a luz da consciência plena nos caminhos neurais da nossa mente para que possamos vê-los com clareza.

Toda vez que vemos ou ouvimos algo, nossa atenção pode ser apropriada ou inapropriada. Com consciência plena nós podemos reconhecê-las e soltar a atenção inapropriada e nutrir a atenção apropriada. A atenção mental apropriada, *yoniso manaskara*, em sânscrito, nos traz felicidade, paz, clareza e amor. A atenção inapropriada *ayoniso manaskara*, ocupa nossa mente com aflição, raiva e preconceito. A consciência plena nos ajuda a praticar a atenção apropriada e regar as sementes da paz, alegria e libertação em nós.

Em seguida nós usamos a consciência plena para iluminar a nossa fala, para que possamos usar a fala amorosa e parar antes de dizer qualquer coisa que crie conflitos para nós mesmos e para os outros. Então olhamos para nossas ações físicas. A consciência plena elucida como ficamos em pé parados, como sentamos, como andamos, como sorrimos e franzimos a testa e como vemos os outros. Nós reconhecemos quais ações são benéficas e quais trazem prejuízos.

Compreender a si mesmo e os outros é a chave que abre a porta do amor e da aceitação de si mesmo e dos outros.

"Que eu seja capaz de reconhecer e tocar as sementes de alegria e felicidade em mim". O solo da nossa mente contém muitas sementes positivas e negativas. Nós somos os jardineiros que identificam, regam e cultivam as melhores sementes. Tocar as sementes de alegria, paz, liberdade, solidez e amor dentro de nós mesmos e nos outros é uma prática importante que nos ajuda a crescer na direção da saúde e felicidade.

"Que eu possa aprender a identificar e compreender as causas da raiva, ânsia e delusão em mim". Nós contemplamos profundamente para compreender como a raiva, a ânsia e a delusão surgiram, quais são suas raízes e por quanto tempo elas estiveram ali. Nós praticamos a consciência plena em nossa vida diária para estar consciente de que esses venenos da ânsia, raiva, delusão,

arrogância e desconfiança estão presentes em nós. Podemos olhar e ver quanto sofrimento eles nos causaram e causaram aos outros.

Nós precisamos dominar nossa própria raiva antes de podermos ajudar os outros a fazer o mesmo. Recriminar os outros somente alimenta as sementes da raiva em nós. Quando a raiva surgir, retorne para dentro de si e use a energia da consciência plena para acolhê-la, acalmá-la e iluminá-la. Não pense que você se sentirá melhor se fizer duras críticas e fizer a outra pessoa sofrer. A outra pessoa pode responder de forma ainda mais severa e a raiva vai escalar. Buda ensinou que, quando a raiva surgir, feche os olhos e os ouvidos, volte-se para dentro de si e cuide da origem da raiva interior. Transformar sua raiva não é somente para a sua libertação pessoal. Todos à sua volta e mesmo aqueles mais distantes vão ser beneficiados.

Observe profundamente sua raiva, como você olharia para sua própria filha. Não a rejeite ou a odeie. A meditação não é para transformar você num campo de batalha, com um lado se opondo ao outro. A respiração consciente suaviza e acalma a raiva, e a consciência plena a penetra. A raiva é somente uma energia, e toda energia pode ser transformada. A meditação é a arte de usar um tipo de energia para transformar outro tipo de energia.

> *Que eu saiba nutrir as sementes da alegria em mim todo dia.*
>
> *Que eu saiba nutrir as sementes da alegria nela todo dia.*
>
> *Que eu saiba nutrir as sementes da alegria nele todo dia.*
>
> *Que eu saiba nutrir as sementes da alegria nelas e neles todo dia.*
>
> *Que eu seja capaz de viver bem-disposto(a), confiante e livre.*
>
> *Que ela seja capaz de viver bem-disposta, confiante e livre.*

> *Que ele seja capaz de viver bem-disposto, confiante e livre.*
>
> *Que elas e eles sejam capazes de viver bem--dispostos(as), confiantes e livres.*
>
> *Que eu possa viver livre de apegos e aversões, mas não ser indiferente.*
>
> *Que ela possa viver livre de apegos e aversões, mas não ser indiferente.*
>
> *Que ele possa viver livre de apegos e aversões, mas não ser indiferente.*
>
> *Que eles e elas possam viver livres de apegos e aversões, mas não serem indiferentes.*

Estas aspirações nos ajudam a aguar as sementes de alegria e felicidade que repousam nas profundezas da consciência armazenadora. As ideias que entretemos sobre o que vai nos trazer felicidade são apenas armadilhas. Nós esquecemos que elas são apenas ideias. Nossa ideia de felicidade pode nos impedir de ser feliz. Quando acreditamos que a felicidade deve assumir uma determinada forma, deixamos de ver as oportunidades regozijadoras que estão bem à nossa frente.

A felicidade não é uma questão individual; ela tem a natureza do interser. Quando você é capaz de fazer uma amiga sorrir, a felicidade dela vai lhe nutrir também. Quando você encontra maneiras de promover a paz, a alegria e a felicidade, você faz isso por todo o mundo. Comece nutrindo você com sentimentos jubilosos. Pratique ao ar livre caminhando em meditação, desfrutando o ar puro, as árvores e as estrelas no céu à noite. O que você tem feito para nutrir-se? É importante discutir sobre isso com os amigos queridos para encontrar maneiras concretas de nutrir alegria e felicidade. Quando você tiver êxito fazendo isso, o seu sofrimento, aflições e formações mentais dolorosas vão começar a ser transformados.

Que eu seja capaz de viver bem-disposto(a), confiante e livre. "Bem-disposto(a)" é uma tradução da palavra vietnamita "ponderado, sem perturbação de espírito". O ciúme, a raiva e o desejo ardente são tipos de perturbação. "Confiante" se refere à estabilidade. Se você não for confiante, não será capaz de realizar muito. Todo dia você só precisa dar alguns passos firmes em direção ao seu objetivo. Toda manhã você se dedica, mais uma vez, ao seu caminho para não se perder. À noite, antes de dormir, passe alguns minutos revendo o seu dia. "Será que eu vivi hoje na direção dos meus ideais?" Se você perceber que deu dois ou três passos naquela direção, isso já é bom o suficiente. Se não deu, diga a si mesmo: "Amanhã farei melhor". Não se compare com os outros. Apenas olhe para si mesmo para ver se você está indo na direção que você preza. Tome refúgio nas coisas que são de confiança. Se você se apoiar em algo que não tem bases firmes, você vai cair. Pode ser que algumas Sangas ainda não sejam de confiança, mas geralmente tomar refúgio numa Sanga é uma atitude sábia. Há membros de Sangas em toda parte que estão praticando com muita determinação.

Ser "livre" significa transcender a armadilha dos desejos prejudiciais e viver sem apegos – seja a uma instituição, a um diploma ou a uma certa posição. De vez em quando nós encontramos pessoas que são livres e podem fazer qualquer coisa que precisa ser feita.

Indiferença. Quando somos indiferentes, nada é agradável, interessante ou digno do nosso esforço. Não experimentamos o amor ou a compreensão, e nossa vida não tem alegria nem significado. Não notamos sequer as belezas da natureza ou o sorriso das crianças. Somos incapazes de tocar o sofrimento ou a felicidade dos outros. Se você se encontra neste estado de indiferença, peça ajuda aos amigos. Mesmo com todo o seu sofrimento, a vida está repleta de muitas maravilhas.

"Livre de apegos e de aversões." O tipo de amor que Buda queria que nós cultivássemos não é possessivo ou grudento. Todos nós, jovens e velhos, temos a tendência de nos tornar apegados. Logo que nascemos, já existe o apego ao eu. Em relacionamentos saudáveis de amor, há uma certa dose de possessividade e de apego, mas se forem excessivas, tanto a pessoa que ama como a pessoa amada vão sofrer. Se uma pai pensa que ele "possui" o seu filho, ou se um rapazinho tenta colocar restrições na namorada dele, desse modo, o amor se torna uma prisão. Isto também é verdade em relacionamentos entre amigos, professores, alunos e assim por diante. O apego obstrui o fluxo da vida. E sem consciência plena, o apego sempre se torna aversão. Tanto o apego como a aversão levam ao sofrimento. Contemple profundamente o seu amor para descobrir a natureza, e identifique o seu grau de apego, de despotismo, e de possessividade. Então você pode começar a desatar os nós. As sementes do amor verdadeiro – benevolência, compaixão, alegria, equanimidade – já existem em sua consciência armazenadora. Através da prática de olhar profundamente, as sementes do sofrimento e do apego vão se contrair e as sementes positivas vão crescer. Nós podemos transformar o apego e a aversão, e chegar a um amor que é espaçoso e todo inclusivo.

6

Relaxamento profundo

Quando caímos, temos dor física. Quando estamos tristes, chamamos isso de dor emocional. Mas mente e corpo não estão separados, e o sofrimento não é somente uma emoção. Nós retemos sofrimento em nosso corpo. A prática do relaxamento profundo é uma forma de reconhecer e de aliviar o sofrimento alojado no corpo e o sofrimento mental.

Começamos o relaxamento profundo observando o corpo. Você pode começar com os seus olhos. "Inspirando, estou ciente dos meus olhos. Expirando, eu sorrio para os meus olhos com amor e gratidão". Depois desça sua atenção para o seu nariz, para a sua boca, a sua garganta e continue descendo até os dedos dos pés. Você está fazendo um escaneamento do seu corpo, não com um raio-x, mas com o raio da consciência plena. Você atravessa todo o corpo, levando sua consciência para cada parte. "Inspirando, estou consciente do meu coração. Expirando eu sorrio para o meu coração com amor". O meu coração é essencial ao meu bem-estar. Ele trabalha sem parar e nutre todas as células do meu corpo. Eu sou muito grato(a) pelo meu coração. Eu descanso e durmo, mas o meu coração nunca para. Mesmo assim, eu tenho feito coisas prejudiciais ao meu coração. Eu tenho ingerido muita bebida alcóolica, eu tenho fumado. Eu não tenho sido muito amável com o meu coração". Enquanto você inspira e expira e envolve o seu coração com consciência plena, você consegue ver as coisas dessa forma. Esse tipo de discernimento pode transformar e curar. Você sabe exatamente o que deve e o que não deve consumir para ser amável com o seu coração, que é uma condição essencial da sua felicidade. Você vai examinando todos os seus órgãos, todas as partes do seu corpo dessa maneira. Esta é a contemplação do corpo dentro do corpo.

Há um texto básico no budismo que nos ensina como meditar em nosso corpo. É chamado de Sutra *Kayagatasati*, consciência plena do corpo dentro do corpo. O corpo é um importante objeto de meditação. Ele contém o cosmos, o Reino de Deus, a Terra Pura de Buda e os nossos ancestrais tanto espirituais como genéticos. Meditando no corpo, podemos entrar em contato com todas essas coisas e nutrir nossa felicidade e bem-estar, e também a felicidade e bem-estar dos que nos rodeiam.

7

Os cinco treinamentos para uma consciência plena

Os cinco treinamentos da consciência plena são orientações de como viver nossa vida cotidiana de modo a nutrir a felicidade e transformar o mal-estar. Os Cinco Treinamentos da Consciência Plena também são tipos de pensamento e ação que têm o poder de curar. Você pode recitá-los diária ou mensalmente, sozinho ou com um grupo, para renovar suas intenções e inspiração para praticá-los.

O primeiro treinamento: reverência à vida

Ciente do sofrimento causado pela destruição da vida, estou comprometido(a) a cultivar a compreensão sobre a interexistência e a compaixão, e aprender formas de proteger a vida de pessoas, animais, plantas e minerais. Estou determinado(a) a não matar, a não permitir que outros matem e a não apoiar qualquer ato de matança no mundo, no meu pensamento ou no meu estilo de vida. Compreendendo que as ações prejudiciais surgem da raiva, do medo, da ganância e da intolerância, que por sua vez vêm do pensamento dualista e discriminativo, cultivarei a abertura, a indiscriminação e o desapego às visões, a fim de transformar a violência, o fanatismo e o dogmatismo em mim mesmo e no mundo.

O segundo treinamento: a verdadeira felicidade

Ciente do sofrimento causado pela exploração, pela injustiça social, roubo e opressão, estou comprometido(a) a praticar a generosidade em meus pensamentos, palavras e ações. Estou determinado(a) a não roubar e a não possuir qualquer coisa que deve pertencer aos outros; e vou compartilhar o meu tempo, energia e recursos materiais com os necessitados. Praticarei a contemplação profunda para compreender que a felicidade e o sofrimento dos outros não estão separados da minha própria felicidade e sofrimento; que a verdadeira felicidade só é possível com compreensão e compaixão; e que correr atrás de riqueza, fama, poder e prazeres carnais pode trazer muito sofrimento e desespero. Estou ciente de que a felicidade depende da minha atitude mental e não das condições externas, e que eu posso viver alegremente no momento presente simplesmente por me lembrar que eu já tenho condições mais do que suficientes para ser feliz. Estou comprometido(a) a praticar o Correto Meio de Vida para que eu possa ajudar a reduzir o sofrimento dos seres vivos sobre a Terra e reverter o processo de aquecimento global.

O terceiro treinamento: o verdadeiro amor

Ciente do sofrimento causado pela má conduta sexual, estou comprometido(a) a cultivar a responsabilidade e aprender formas de proteger a segurança e integridade dos indivíduos, casais, famílias e sociedade. Sabendo que o desejo sexual não é amor, e que a atividade sexual motivada pela ânsia sempre prejudica a mim e aos outros, estou determinado(a) a não me envolver em relações sexuais sem um amor verdadeiro e um compromisso profundo e duradouro tornado público para minha família e amigos. Farei tudo o que estiver em meu poder para proteger as crianças de abusos sexuais e impedir que casais e famílias sejam desfeitos pela má conduta sexual. Vendo que o corpo e a mente são unos, estou comprometido(a) a aprender formas adequadas de cuidar da minha energia sexual e cultivar a benevolência, compaixão, alegria e inclusão – que são os quatro elementos básicos do amor verdadeiro – para minha felicidade maior e a felicidade maior dos outros. Praticando o amor verdadeiro, nós sabemos que vamos continuar de uma forma bela na direção do futuro.

O quarto treinamento: a fala amorosa e a escuta profunda

Ciente do sofrimento causado pela fala descuidada e inabilidade de ouvir os outros, estou comprometido(a) a cultivar a fala amorosa e a escuta profunda a fim de aliviar o sofrimento e promover a reconciliação e a paz em mim mesmo(a) e entre outros povos, grupos religiosos e étnicos e nações. Sabendo que as palavras podem criar felicidade ou sofrimento, estou comprometido(a) a falar a verdade, usando palavras que inspirem confiança, alegria e esperança. Quando a raiva estiver se manifestando em mim, estou decidido(a) a não falar. Praticarei respirando e andando conscientemente a fim de reconhecer e examinar minha raiva minunciosamente. Eu sei que as raízes da raiva podem ser encontradas em minhas percepções errôneas e falta de compreensão do sofrimento em mim e na outra pessoa. Vou falar e ouvir de um modo que possa me ajudar e ajudar a outra pessoa a transformar o sofrimento e a ver uma saída das situações difíceis. Estou determinado(a) a não espalhar notícias que eu não sei se são verídicas e a não proferir palavras que possam causar divisão ou discórdia. Praticarei a diligência correta para nutrir minha capacidade de compreender, amar, ser alegre, inclusivo(a), e gradualmente transformar a raiva, a violência e o medo que estão nas profundezas da minha consciência.

O quinto treinamento: nutrição e cura

Ciente do sofrimento causado pelo consumo irresponsável, estou comprometido(a) a cultivar a saúde, tanto física quanto mental, para mim, minha família e sociedade através das práticas de comer, beber e consumir conscientemente. Praticarei examinando profundamente como estou consumindo os quatro tipos de nutrientes, a saber: alimentos comestíveis, impressões sensoriais, volição e consciência. Estou determinado(a) a não jogar apostando dinheiro, ou a fazer uso de álcool, drogas ou quaisquer outros produtos que contenham toxinas, tais como certos *websites*, jogos eletrônicos, programas de televisão, filmes, revistas, livros e conversas. Praticarei retornando ao momento presente para estar em contato com os elementos revigorantes, curadores e nutridores em mim e ao meu redor, não permitindo que os arrependimentos e aflições me arrastem de volta ao passado nem deixando as ansiedades, os medos e os anseios me puxarem para fora do momento presente. Estou determinado(a) a não tentar encobrir a solidão, a ansiedade ou outro sofrimento perdendo-me no consumismo. Contemplarei o interser e consumirei de um modo a preservar a paz, a alegria e o bem-estar do meu corpo e consciência, e no corpo e consciência coletiva da minha família, da sociedade e da Terra.

8

Andar em meditação

Em nosso dia a dia temos o hábito de correr. Perseguimos a paz, o sucesso, o amor – estamos sempre correndo atrás – e os nossos passos são um meio pelo qual fugimos do momento presente. Mas a vida só está disponível no momento presente; a paz só está disponível no momento presente. Dar um passo e refugiar-se no passo que damos, significa parar de correr. Para aqueles entre nós que estão acostumados a viver sempre na correria, dar um passo e parar de correr é uma revolução. Damos um passo, e se soubermos como fazer isso, a paz se torna disponível naquele momento em que tocamos a Terra com nossos pés. Seria lamentável permitir que um dia inteiro passe sem nos deleitarmos andando sobre a Terra.

Geralmente, nossa inspiração tende a ser um pouco mais curta do que nossa expiração. Ao inspirar, pode ser que você goste de dar dois passos e dizer: "Cheguei, cheguei". E quando expirar, pode ser que você goste de dar três passos e dizer: "Estou em casa, estou em casa, estou em casa". "Casa" significa estar à vontade no momento presente onde você pode entrar em contato com todas as maravilhas da vida. Devemos ser capazes de andar neste belo planeta com muita ternura e felicidade. "Cheguei, estou em casa" não é uma afirmação, mas sim uma prática. Permita-se mergulhar profundamente no aqui e agora, porque a vida só é possível no presente, a vida só está disponível no momento presente, e você sabe que tem a capacidade de entrar em contato com a vida no momento presente, no aqui e no agora.

Nós perdemos nossa liberdade e soberania. Nós nos deixamos ser desapossados e levados para longe do aqui e agora. Temos agora que resistir a energia habitual que nos compele a correr. Temos que recuperar nossa soberania e reivindicar nossa liberdade e andar como uma pessoa livre sobre a Terra. Liberdade não quer dizer liberdade política. Mas sim liberdade do passado e do futuro, das nossas preocupações e medos. Cada passo pode nos ajudar a ser livres. Nós resistimos, não nos permitimos mais ser levados para longe. Queremos ser livres, porque sabemos que sem liberdade, nenhuma felicidade, nenhuma paz serão possíveis. Buda disse que a liberdade e a solidez são duas características do nirvana. Imagine alguém que não possui solidez nem liberdade. Esta pessoa nunca pode estar feliz. Andar em meditação significa cultivar liberdade e solidez, que nos trarão bem-estar e felicidade.

Nossa inspiração sempre tende a ser um pouco mais curta do que nossa expiração. Deixe que os seus passos sigam sua respiração, e não o oposto. Deixe sua respiração ser natural, nunca forçada. Ao inspirar, se os seus pulmões quiserem dois passos, então dê a eles exatamente dois passos. Se você se sentir melhor com três passos então permita-se dar três passos enquanto inspira. Quando expirar, escute os seus pulmões. Toda vez que você sentir que quer dar mais um passo enquanto expira, então permita-se dar mais um passo expirando. Todos os passos devem ser agradáveis.

Às vezes é bom praticar num parque ou em algum outro lugar calmo e bonito. Isso nutre o nosso espírito e fortalece nossa consciência plena. Andamos devagar mas não tão vagarosamente, de modo que não chamamos atenção fazendo as pessoas se sentirem incomodadas. Este é um tipo invisível de prática. Podemos apreciar a natureza e a nossa própria serenidade. Quando virmos algo que queremos nos relacionar com a nossa consciência plena – o céu azul, as colinas, uma árvore ou um pássaro – nós simplesmente paramos; mas enquanto fazemos isso continuamos inspirando e expirando conscientemente.

Pratique parar enquanto estiver andando. Se você conseguir parar durante o tempo da caminhada, será capaz de parar durante o tempo em que estiver fazendo outras atividades cotidianas, sejam elas lavar a cozinha, aguar o jardim ou tomar o café da manhã.

Se você sofre de depressão, sua depressão não poderá desaparecer a menos que você saiba parar. Você esteve vivendo de um modo que possibilitou a depressão. Você esteve vivendo numa correria e não se permitindo ter tempo de descansar, relaxar e viver profundamente a vida. Passar um tempo, todo dia, andando em meditação pode ser benéfico. Organize sua vida para que você possa andar em meditação todo o dia. É bom andar sozinho, mas também é bom praticar andando em meditação com a Sanga, para ter suporte. Você pode chamar um(a) amigo(a) para o acompanhar, ou pode até mesmo pegar na mão de uma criança e andar com ela.

Nós devemos ser capazes de respirar e andar conscientemente em toda parte – em nossa casa, no trabalho, na escola, em um hospital e até mesmo no Congresso. Alguns anos atrás nós oferecemos um retiro para os participantes do Congresso em Washington, no Distrito de Colúmbia, EUA. E agora existem muitos congressistas que sabem praticar andando em meditação na colina do Congresso estadunidense.

Quando você andar até o ponto de ônibus ou de uma sala para outra, transforme isso numa caminhada meditativa. Mesmo que esteja muito barulhento e agitado à sua volta, você ainda pode andar no ritmo da sua respiração. Mesmo na comoção de uma cidade grande, você pode andar em paz, feliz e com um sorriso interno. É isso o que significa viver plenamente cada instante de cada dia da sua vida. Isso é algo possível de ser realizado.

Andar em meditação significa andar simplesmente pelo prazer de andar. Você não tem o desejo de chegar a lugar nenhum. Andar e não chegar, esta é a técnica. E você desfruta de cada passo que dá. Cada passo o leva para a casa do aqui e agora. O seu verdadeiro lar é o aqui e o agora, porque é somente neste momento, neste lugar, chamado de aqui e agora, que a vida é possível. Cada passo que você dá deve trazê-lo de volta à paz, ao momento presente.

De acordo com o Mestre Linji, o milagre não é andar sobre as águas ou ar rarefeito, mas sim andar sobre a Terra. Ande de uma maneira tal que você se torne totalmente vivo(a) para que a alegria e a felicidade sejam possíveis. Este é o milagre que todos podem realizar. Eu realizo este milagre toda vez que ando; e você também pode realizá-lo. Se você tiver consciência plena, concentração e discernimento em cada passo que der sobre a Terra estará realizando um milagre.

Conecte-se conosco:

 facebook.com/editoravozes

 @editoravozes

 @editora_vozes

 youtube.com/editoravozes

 +55 24 2233-9033

www.vozes.com.br

Conheça nossas lojas:

www.livrariavozes.com.br

Belo Horizonte – Brasília – Campinas – Cuiabá – Curitiba
Fortaleza – Juiz de Fora – Petrópolis – Recife – São Paulo

  Vozes de Bolso

EDITORA VOZES LTDA.
Rua Frei Luís, 100 – Centro – Cep 25689-900 – Petrópolis, RJ
Tel.: (24) 2233-9000 – E-mail: vendas@vozes.com.br